公益財団法人全国商業高等学校協会主催

商業経済検定
模擬テスト

第**1・2**級

ビジネス・マネジメント

contents

重要用語解説

用語の意味や定義を，しっかり確認しておきましょう。理解できたら，□にチェックマークをつけてください。

ビジネスとマネジメント

□ 001 **20対80の法則**

001 売上高全体の約80％は，売上高の上位約20％の商品によるものという法則である。

□ 002 **E　P　A**

002 経済連携協定のことである。FTAよりも範囲が広く，競争政策や知的財産権の保護，投資なども対象とする。

□ 003 **F　T　A**

003 関税をなくすことに重点をおく自由貿易協定である。国や地域ごとに締結し，部分的に自由貿易を促進することが目的になる。

□ 004 **POSシステム**

004 コンビニエンスストアなどで，商品が販売された時点の販売情報や購買情報などを記録し，仕入活動や商品管理などに活用するシステムのことである。

□ 005 **S　D　G　s**

005 2015（平成27）年に国連の持続可能な開発サミットで採択された，持続可能な世界を実現するために設定した17の目標からなる国際的な開発目標のことである。

□ 006 **S　N　S**

006 ソーシャルネットワーキングサービスの略称である。FacebookやInstagram，X（Twitter）などがある。

□ 007 **T　P　P**

007 環太平洋パートナーシップ協定のことで，アジア太平洋地域を中心に，関税やサービス・投資，知的財産，電子商取引など，幅広い分野で自由貿易を推進しようとする経済連携協定である。アメリカの離脱後，TPP11（CPTPP）として2018（平成30）年12月に発効された。

□ 008 **W　T　O**

008 世界貿易機関の略称。自由貿易を促進するために設置された国際機関である。

□ 009 **アーカイブ調査**

009 さまざまな資料を調査することをいう。なお，アーカイブとは体系的に整理・保存された文書のことをいう。

□ 010 **アニマル・スピリット**

010 不確実な状況のもとで，投資活動を行おうとする経営者の意欲のことをいう。

☐ 011 イノベーション 　011 新しい技術や新しいアイデアで，社会的な価値を生み出すことをいう。「創造的破壊」と訳されることもある。

☐ 012 イノベーションの
　　　 ジレンマ 　012 既存の商品やサービスで成功している大企業からは破壊的なイノベーションは生まれにくく，むしろ新興企業から破壊的なイノベーションが生まれやすいというジレンマのことをいう。

☐ 013 医薬品医療機器等法 　013 旧薬事法。2014（平成26）年の改正により，医薬品だけではなく医療機器なども法律の対象となるため名称が変更された。薬剤師がいない店舗でも一般用医薬品の一部を販売したり，インターネットで販売したりすることを認めている。

☐ 014 インカムゲイン 　014 預金や貸付金，債券などから得られる利息や株式から得られる配当金などの総称である。

☐ 015 インターネット
　　　 バンキング 　015 インターネットを介して，スマートフォンやパソコンなどから銀行口座への振り込みや残高照会などができることを指す。

☐ 016 親　会　社 　016 複数の企業が企業集団を形成している場合に，ほかの企業を支配している企業のことを指す。

☐ 017 オランダ東インド会社 　017 株式会社の始まりとされている企業である。損失のリスクの分散を図る仕組みや配当金の仕組みなどが整備されていた。

☐ 018 会　　　社 　018 営利目的で設立された組織のことを指す法律用語である。合名会社・合資会社・合同会社・株式会社などが相当する。企業よりも範囲が狭い。

☐ 019 会　社　法 　019 会社の設立や機関設計，株式の発行などについて定めている法律である。

☐ 020 課題解決 　020 なんらかの目標と現状との隔たりを埋めることをいう。

☐ 021 株　　　式 　021 株式会社の所有権を細かく分けたものをいい，これにより不特定多数の人や企業などから広範囲にわたって資金を集めることで，より大きなビジネスの展開が可能になる。

☐ 022 株式会社 　022 株式を発行して資金を調達する会社のことで，株主は有限責任のみを負う。わが国の会社の90％以上がこの形態である。

☐ 023 株式上場 　023 証券取引所で，株式が売買されるようになることをいう。上場するには一定の基準を満たす必要があり，その会社の信用が高いことを意味する。

□ 024 株式の相互持ち合い	024 企業と企業あるいは企業と金融機関との間で相互に株式を保有することをいう。日本的経営の特徴の一つであり，取引の安定化などさまざまな目的がある。
□ 025 株　　主	025 株式を購入した人や企業のことを指す。株式会社の出資者のことである。
□ 026 環境エネルギー問題	026 温室効果ガスなどによる大気汚染や土壌汚染，海洋プラスチック問題などの環境問題とエネルギー自給率などのエネルギー問題の総称である。
□ 027 企業の社会的責任（CSR）	027 企業が利害関係者(ステークホルダー)の要請に積極的に対応しながら，事業活動を行うことを通じて，企業の持続的な発展と社会の持続的発展へ貢献することをいう。
□ 028 企業別労働組合	028 企業単位で組織された労働組合のことである。
□ 029 議　決　権	029 株主総会で株主が保有している株式の数に応じて，議案に対して賛成あるいは反対などの意思表示ができる権利のことである。
□ 030 起　　債	030 債券を発行して資金を調達しようとすることをいう。
□ 031 規 制 緩 和	031 経済活動に関するさまざまな政府による規制を廃止したり，緩和したりすることをいう。規制改革といわれることもある。
□ 032 キャピタルゲイン	032 保有している株式や債券の売却によって得られる有価証券売却益のことをいう。もし有価証券売却損が発生した場合には，キャピタルロスという。
□ 033 競　争　優　位	033 自社が提供する商品やサービスが，ほかの企業が提供する商品やサービスよりも優れていることをいう。
□ 034 競　争　力	034 市場において競合他社との競争に勝つための力のことをいう。
□ 035 共 同 企 業	035 複数の出資によってビジネスを展開する企業のことをいう。
□ 036 クイック・デリバリー	036 Amazonなどの電子商取引において，商品を注文した当日か翌日に配送が完了することをいう。
□ 037 クラウドファンディング	037 群衆(Crowd)と資金調達(Funding)をあわせた造語で，インターネットを通じて不特定多数の人から資金を募ることをいう。
□ 038 グローバル化	038 ヒト・モノ・カネ・情報といった経営資源の移動が活性化し，ボーダーレスに経済活動が行われるようになることをいう。

□ 039 経営理念	039 企業の存在意義や使命，経営に対しての基本的な考えなどを示したもの。企業を構成する人々にとっては，行動指針ともなる。
□ 040 限定合理性	040 人が理解できる範囲や能力には限界があり，限られた範囲内で最適な選択を行わなければならないことをいう。
□ 041 公　　害	041 企業の事業活動などによって，広い範囲にわたり大気汚染や水質汚濁などが発生し，人の健康や生活環境に被害が出ることを指す。
□ 042 行動観察	042 顧客の購買行動などを観察することによって，売上高や利益を高める工夫を行うことをいう。
□ 043 高度経済成長期	043 わが国で急速に経済が成長した1955（昭和30）年から1973（昭和48）年ごろの時期をいう。
□ 044 効　率　性	044 経営資源が無駄なく配分されているかの度合いを指す。少ない原材料や労働力で商品を生産できた場合，効率性は高いといえる。
□ 045 コーポレート・アイデンティティ（CI）	045 シンボルマークやロゴのデザインなどを通じて企業の特徴を明確に表現し，共通したイメージで顧客が認識できるようにする働きかけのことである。
□ 046 個人企業	046 個人の出資でビジネスを展開している企業のことをいう。
□ 047 雇用契約	047 労働者が使用者（経営者）のもとで働くことを約束し，使用者（経営者）は労働者に労働の対価として賃金を支払うことを約束する契約のことである。
□ 048 サプライチェーン・マネジメント（SCM）	048 原材料や部品の調達から生産・流通・販売という流通経路全体の流れ（サプライチェーン）を最適化するための管理手法を指す。
□ 049 資本主義	049 個人や企業の私的な所有権が認められ，市場において自由に商品やサービスを売買できる仕組みや，考え方（主義）のことをいう。
□ 050 ジャスト・イン・タイム	050 必要なものを，必要な時に必要な量だけ生産し供給する仕組みや考え方をいう。
□ 051 終身雇用	051 正規雇用した従業員を，定年までの長期にわたり雇用し続ける制度である。
□ 052 出　資　者	052 会社などに資金を拠出する者のことである。株式会社の場合には，株主という。

☐ 053 シュンペーター	053	ヒト・モノ・カネ・情報を新結合して新しいものを創造する「創造的破壊」がイノベーションであると定義した，オーストリア生まれの経済学者である。
☐ 054 少子高齢化	054	出生率の低下と平均寿命の伸長によって，人口に占める高齢者の割合が上昇していく状態のことをいう。
☐ 055 所有と経営の分離	055	会社を所有する人(株主などの出資者)と経営を担う人(経営者)が異なることをいう。出資と経営の分離ともいわれる。
☐ 056 成 果 主 義	056	業務の結果(仕事の成果)に応じて，賃金水準や昇進などを決定する仕組みのことをいう。
☐ 057 専門経営者	057	複雑な経営環境に対応できる知見や能力をもつ経営の専門家のことをいう。
☐ 058 ダイバーシティ・マネジメント	058	多様な個性や価値観をもつ人材を活用して，それぞれの能力が発揮できる環境を整えていくことをいう。
☐ 059 超高齢社会	059	65歳以上の人口が全体の21％以上を占めている社会のことをいう。わが国は2007(平成19)年から超高齢社会となっている。
☐ 060 ドラッカー	060	「マネジメントの父」と呼ばれる経営学者で，マネジメントを「組織に成果をあげさせるための道具・機能・機関」と定義した。
☐ 061 日本的経営	061	日本の企業に多くみられた年功序列型賃金・終身雇用・企業別労働組合を特徴とする経営の方式のことをいう。
☐ 062 年功序列型賃金	062	年齢や勤続年数に応じて賃金が上がっていく制度のことである。
☐ 063 バブル経済	063	株式や土地などの価格が適正な価値の水準を大幅に上回る経済の状態であり，わが国では1980年代後半から1990年代前半が相当する。
☐ 064 ハラスメント	064	相手の尊厳を傷つけたり，不快感を与えたりするような発言や行動のことを指す。
☐ 065 ビジネス・マネジメント	065	ビジネスを行う際に，目標や目的を設定して，それを達成するために経営資源を効率的に管理して活用することをいう。
☐ 066 フェアトレード	066	公正・公平な貿易という意味で，主に開発途上国の生産者の労働環境や生活を守るため，原材料や商品を適正な価格で継続的に購入する貿易の仕組みである。

☐ 067 プロセス・イノベーション	067	生産工程におけるイノベーションのことをいう。ベルトコンベアや産業用ロボットの導入などがある。
☐ 068 プロダクト・イノベーション	068	これまでになかった革新的な商品やサービスを生み出すイノベーションを指す。
☐ 069 ボーダーレス	069	まるで国境がないかのような状態，あるいは国境が意味をなさない状態のことをいう。
☐ 070 マーケット・イノベーション	070	新たな市場や販路を開拓するイノベーションをいう。例えば家庭用ゲーム機のメーカーがスマートフォンのアプリゲーム市場に参入し，新たな顧客を獲得することなどがある。
☐ 071 マネージャー	071	マネジメントを行う人のことをいう。一般的には従業員の業務の管理や人材育成などを担当する人を指す。
☐ 072 メインバンク制度	072	企業が特定の金融機関と親密になり，長期にわたる安定的な取引を続けることをいう。
☐ 073 持分会社	073	合名会社・合資会社・合同会社の総称である。
☐ 074 融資	074	銀行などの金融機関が資金を貸し付けることをいう。
☐ 075 利害関係者（ステークホルダー）	075	企業がビジネスを展開したときに影響を受けるすべての関係者を指す。株主や従業員，債権者などのほかに地域住民や行政機関，自然環境などさまざまな関係者が含まれる。
☐ 076 リコメンド	076	主に電子商取引で顧客の購買履歴を分析して，購買の可能性が高いと推測される商品やサービスを勧めることを指す。
☐ 077 労働者派遣法	077	正式には，「労働者派遣事業の適正な運営の確保及び派遣労働者の保護等に関する法律」という。派遣労働者の保護や適正な労働者派遣事業の確保などを目的にする。
☐ 078 労働力人口	078	15歳以上の就業者と完全失業者を合わせた人口で，一国における働く意思と能力をもつ人の総数である。
☐ 079 ロングテール戦略	079	販売数量が少ないニッチな商品の売上高を積み重ねて，全体の売上高を確保する戦略である。
☐ 080 ワーク・ライフ・バランス	080	仕事と生活が調和していることを意味する。具体的にはやりがいをもって仕事をしつつ，さらに地域における活動や介護・育児・趣味といった活動も充実させることを指す。

□ 001 **3C分析**

001 競合（Competitor）・顧客（市場）（Customer）・自社（Company）のそれぞれの視点から情報を整理して分析する方法のことである。通常は最初に顧客（市場）を分析し，その分析結果をふまえて競合他社の動向を分析する。そして最後に自社の特色や強みなどについて分析する。

□ 002 **M ＆ A**

002 合併（Mergers）と買収（Acquisitions）を表す略語である。

□ 003 **M B O**

003 マネジメントバイアウトの略称で，意思決定の迅速化や経営の自由度などを高めるために，経営者が株主から自己株式を買い取って，会社の経営権を掌握することをいう。

□ 004 **OEM供給**

004 生産提携した相手企業のブランドを付けた商品を生産して供給することをいう。

□ 005 **PEST分析**

005 外部環境の分析を行う際に，政治的要因（Politics）・経済的要因（Economy）・社会的要因（Society）・技術的要因（Technology）の4つの要因に情報を整理して考える分析方法である。

□ 006 **P P M**

006 プロダクト・ポートフォリオ・マネジメントの略称である。グラフの縦軸に市場成長率，横軸に市場占有率をとって，複数の事業を金のなる木・花形・問題児・負け犬の4つに分類して，資源配分の最適化を図る手法である。

□ 007 **SWOT分析**

007 外部環境を機会と脅威，内部環境を強みと弱みの4つの観点で分析して，経営戦略を策定する方法である。

□ 008 **VRIO分析**

008 自社が取り組んでいるビジネスについて，価値（Value）・希少性（Rarity）・模倣可能性（Imitability）・組織（Organization）の観点で分析する手法である。一般に顧客に対して提供する価値が高く，市場では希少性があり，競合他社にとっては真似がしにくく，経営資源を効率的に活用できる組織化がなされているほど競争力は強くなる。

□ 009 **アクションプラン**

009 「誰が・いつ・何を・どのようにして・どれくらいの予算で」行うべきかを定めた行動計画のことをいう。

□ 010 **インセンティブ（誘因）**

010 モチベーション（動機づけ）を高める要因である。例えば従業員の仕事に対するモチベーションを高めるために，なんらかの金銭的な対価を支払った場合，その金銭的な対価がインセンティブということになる。

□ 011 インフラストラクチャー

011 略して「インフラ」とも呼ばれる。上下水道や電気・ガス，消防・警察などの経済活動を支える基盤のことである。

□ 012 横断的組織

012 複数の機能別部門からメンバーが参加する横割りの組織形態のことをいう。横軸に機能別部門，縦軸に事業部を置いたマトリックス組織の場合，事業部長が研究開発や生産などの機能別部門に対しても指示命令を行い，部門間を調整する横断的組織といえる。

□ 013 外　　　注

013 他社に部品の生産を委託したり，他社から部品を購入したりすることをいう。

□ 014 外発的動機づけ

014 金銭的な報酬や高い評価，あるいは懲罰など，外部から与えられる要因によってモチベーションを高めることをいう。

□ 015 開発リードタイム

015 新しい商品の企画から，開発・生産・販売までに至る期間のことをいう。経済環境の変化が激しい現在では，この期間は短いほうがよいとされている。

□ 016 合　　　併

016 契約によって，複数の会社が一つになることをいう。吸収合併と新設合併の2つの方法がある。

□ 017 金のなる木

017 PPMにおいて，市場占有率は高いが市場成長率は低い事業の分類である。市場成長率が低いので新規の投資は必要ないが，獲得できる収入は多額になるので，この事業で得た資金を「問題児」に相当する事業に投資して，「花形」に育成することが基本になる。

□ 018 カンパニー制組織

018 事業部制組織を発展させて，「あたかも一つの独立した会社」であるかのように企業を分割して編成した組織形態のことである。

□ 019 関連型多角化

019 これまで手がけてきた事業となんらかの関連がある分野に多角化することをいう。既存の事業との相乗効果（シナジー効果）が期待できる一方で，リスクの分散は図りにくいというデメリットがある。

□ 020 企業間連携

020 アライアンスともいう。複数の企業がそれぞれの経営資源を相互に利用することによって，社会環境の変化に柔軟に対応しようとすることを指す。

□ 021 企業能力のジレンマ

021 事業転換に取り組む必要がある企業ほどそのための企業能力に欠けているため，うまく事業転換を行えないというジレンマである。

□ 022 企業連合

022 複数の企業がそれぞれ独立性を保ちながら，一定の課題に対して協調行動をとることを指す。

□ 023 技術提携

023 自社が保有している研究開発の成果や技術などを契約によってほかの企業に提供したり，あるいは提供されたりすることをいう。具体的には特許権や実用新案権のライセンス契約などがある。

□ 024 技術的要因

024 PEST分析において，技術革新の動向など技術面に関連するさまざまな要因のことを指す。

□ 025 希少性

025 市場においてどれだけ差別化ができているか，どれくらい希少な価値があるのかを示す度合いのことである。

□ 026 対抗度

026 「既存市場における対抗度」ともいう。市場における競争の激しさの度合いのことで，競合他社が増加するほど，この度合いも高くなっていく。

□ 027 機能別組織

027 製造・営業・研究開発といった機能ごとに部署を構成した組織である。この組織形態を採用すると，専門性の高い人材を育成しやすくなる。

□ 028 規模の経済

028 生産量が増加するにつれて，商品1単位あたりのコストが下がることをいう。特に固定費が大きい場合には，この効果が強く働くことが多い。

□ 029 吸収合併

029 合併において，ほかの会社を吸収して一つの会社が存続する形態のことを指す。

□ 030 共通目的

030 バーナードによる組織が成立するための条件の一つで，さまざまな価値観や目的をもつ構成員をまとめる組織全体の価値観や目的のことを指す。

□ 031 協働意欲

031 バーナードによる組織が成立するための条件の一つで，組織の構成員がそれぞれの個人的な活動を共通目的に沿うように修正し，お互いに協力しあう意思や意欲をもつことを指す。

□ 032 業務提携

032 特定の分野に限定して，複数の企業が業務上緩やかな協力関係をもつことをいう。

□ 033 経営戦略

033 企業が経営理念を具体化するために行うさまざまな方策のことを指す。

□ 034 系列取引

034 日本特有の長期にわたる安定的な取引関係のことを指す。系列店を利用した販売網の構築や株式の持ち合いなどによるメーカーと部品製造会社の安定的な取引などがある。

☐ 035 権威主義的リーダーシップ	035 部下には意思決定の余地がなく，すべて上司が意思決定を行い，部下を従わせるリーダーシップのことである。
☐ 036 権限と責任の一致	036 管理を行う場合，権限の範囲と責任の範囲は一致していなければならないという原則のことである。
☐ 037 現場管理者	037 従業員を直接的に管理する係長や主任などの管理職のことをいう。
☐ 038 コア・コンピタンス	038 顧客に対して，競合他社では真似ができない自社ならではの価値を提供できる「企業の中核的な力」のことをいう。
☐ 039 行動プログラム	039 問題の発生とその対応方法をセットにしたプログラムをいう。例えば火災が発生した場合の避難誘導の手順を定めておくことなどが相当する。
☐ 040 コスト・リーダーシップ戦略	040 生産にかかる費用を下げることで利益を増やし，商品を安く大量に販売することでシェアを伸ばす戦略のことである。
☐ 041 コミットメント	041 公約や約束，誓約などの意味をもち，「責任をもって関わる」ことを示す際などに用いられる。
☐ 042 コミュニケーション	042 メッセージのやりとりを行って，送り手と受け手の間でその意味を共有することをいう。必ずしも言語のやりとりだけではなく，身ぶりや手振りなどでやりとりをすることもある。
☐ 043 コングロマリット	043 さまざまな業種の企業が合併や買収によって一つの企業や企業集団を構成している状態を指す。それぞれに関連がない場合が多く，非関連型多角化の究極の形態ともいえる。
☐ 044 コンフリクト	044 組織内で発生する対立や軋轢のことを指す。
☐ 045 最高管理者	045 社長や専務など企業全体を管理する管理者のことをいう。
☐ 046 差別化戦略	046 特徴のある商品やサービスを創造することによって，競合他社の商品やサービスと差別化し，優位性や独自性を構築する戦略である。
☐ 047 参加的リーダーシップ	047 権威主義的リーダーシップに対して，部門あるいはチームを構成するすべての人間が意思決定に参加できるように配慮するリーダーシップのことをいう。
☐ 048 残存者利益	048 市場から撤退する企業が増えてくることによって，市場に残存した企業が得られる利益のことである。

□ 049 シェアド・リーダーシップ

049 部門あるいはチームを構成する従業員のそれぞれがリーダーシップを分担して発揮することをいう。これにより自発的に活動できる人材を育成することが可能になる。

□ 050 事業再編

050 企業が手がけている事業を再編成して，経済環境の変化に対応しようとすることを指す。

□ 051 事業転換

051 将来性が乏しい事業や損失が発生している事業から撤退し，将来性や利益が見込める事業に転換することをいう。

□ 052 事業部制組織

052 取扱商品や地域，取引先などを基準として事業部を編成し，事業部ごとに利益に対して責任を負う組織形態である。

□ 053 事業ポートフォリオ

053 企業が手がけている複数の事業を一覧にしたうえで，どの事業にどの程度投資をするのか決めることをいう。

□ 054 事業ライフサイクル

054 時間の経過と事業の成長性の関係をS字カーブで表現したもので，導入期・成長期・成熟期・衰退期の4つに区分して事業の成長性をみていく手法である。

□ 055 自己充足性

055 一つの事業部のなかで，どれだけ独立して活動できるのかを表す用語である。もしその事業部のなかに企画・開発・生産・販売・人事や経理といったすべての機能が備わっていれば自己充足性は高いといえる。

□ 056 市場浸透

056 既存の商品やサービスで既存の市場に浸透していくことをいう。リピーターを増やしたり，既存の商品やサービスの新しい用途を提案したりすることが多い。

□ 057 市場成長率

057 市場の規模の変化の度合いを表す比率である。今年度の市場全体の売上高を前年度の市場全体の売上高で割って算定することが多い。

□ 058 市場占有率

058 市場における特定の商品やサービスの販売数量や売上高が占める割合のことで，マーケットシェアともいう。

□ 059 市場魅力度のジレンマ

059 市場魅力度が高い市場ほど新規参入する企業が増加して，その結果競争が激しくなるというジレンマである。

□ 060 シナジー効果

060 相乗効果ともいう。複数の商品やサービスを手がけることによって，1＋1が2を超えて3や4になる効果をもたらすことをいう。

□ 061 資本提携

061 複数の企業が独立しながらも相互に出資して，業務提携以上に関係を深めていくことをいう。

□ 062 社会的要因　062 PEST分析において，人口動態や余暇の過ごし方，流行など主に消費者のライフスタイルに関する要因のことを指す。

□ 063 集中戦略　063 特定の顧客層や特定の地域などに経営資源を集中する戦略のことである。

□ 064 出資比率　064 株式会社などに出資した資金の割合のことをいう。出資する企業が支配権の獲得を目的としていない場合，この比率は10%程度のことが多い。

□ 065 商標登録　065 自社の商品やサービスであることを示すシンボルマークやロゴデザインなどの商標を特許庁に出願し，審査の結果，登録されることをいう。

□ 066 職務　066 企業を構成する管理者や従業員が，それぞれなすべき仕事の内容のことである。

□ 067 職務設計理論　067 従業員の職務を適切に設計すると，従業員のモチベーションが高まるという理論である。一般に従業員に割り当てた作業（タスク）の全体のなかでの位置づけ（タスク完結性）や重要性などが認識できるように作業を割り振ると，モチベーションは高まるとされている。

□ 068 自律性　068 任された作業について，一定の裁量権があることをいう。一般に，作業に対する裁量権があるほど従業員のモチベーションは高まるとされている。

□ 069 新設合併　069 合併当時会社のすべてがいったん解散して新たに一つの会社を設立するかたちで合併することをいう。

□ 070 垂直的調整　070 上司と部下の間で行われるさまざまな調整のことをいう。

□ 071 垂直的分化　071 組織が階層的に分業できるように区分されることをいう。

□ 072 垂直的分業　072 上位の階層が作業の指示を出し，その下の階層が指示を受けるというように，階層的に分業することをいう。

□ 073 垂直統合　073 商品が生産者，卸売業者，小売業者を経て消費者へと渡る一連の流れにおいて，原材料や部品の調達，商品の製造といった必要な工程を一つの企業内で行うことをいう。このとき，消費者に近い側を前と考えて，商品の生産者であるメーカーが卸売業や小売業などに進出することを前方統合という。反対に，メーカーが部品や原材料の生産も行うことを後方統合という。

□ 074 水平的調整　074 従業員間あるいは管理職間など，組織内の同じ階層の中で行われる調整のことをいう。

□ 075 水平的分化　075 組織が機能別に分業できるように区分されることをいう。

□ 076 水平的分業　076 研究開発部門や生産部門，販売部門などのように機能別に分業することをいう。

□ 077 スキル多様性　077 任された作業（タスク）を処理するのに必要なスキルの度合いや種類のことをいう。一般に多様なスキルを要する作業ほど従業員のモチベーションは高まるとされている。

□ 078 スタッフ組織　078 人事部や経理部，総務部などのように専門的な立場からライン組織を補佐・支援する組織をいう。

□ 079 清　　算　079 会社や事業の継続を断念して，残った財産の換金や分配などを行うことを指す。

□ 080 生 産 提 携　080 業務提携の一つで，製造委託契約などを締結したうえで，生産工程の一部を共有したり，生産を委託したりする連携のことをいう。

□ 081 政治的要因　081 PEST分析において，市場に影響を及ぼす法律の改正や行政による規制，政治の動向などの要因をいう。

□ 082 成長マトリクス　082 経営学者のアンゾフによる企業の成長戦略のことで，縦軸に市場，横軸に商品をとって，４つのパターンに分類している。既存の市場に既存の商品を投入する市場浸透戦略，既存の市場に新しい商品を投入する新商品開発戦略，既存の商品で新しい市場を開拓する新市場開拓戦略，新しい市場新商品を投入する多角化戦略がある。

□ 083 セル 生 産　083 １人または少人数の作業チームを編成して，製品の組み立てから完成まで複数の工程を担当する生産方式のことをいう。多品種少量生産に向いている。

□ 084 選択と集中　084 複数の事業を手がける場合に，どの事業を選択するべきか，どれくらいの経営資源を集中して投入するべきかを決定することをいう。

□ 085 組織イノベーション　085 ヒト・モノ・カネ・情報の「新結合」によって，新しい経営組織を形成することをいう。イノベーションの一種である。

□ 086 組　織　化　086 作成した計画を実行に移すために，経営資源を一定の秩序のもとにまとめて組織体を設計し，組織を構成する人の役割と責任を明確にすることをいう。

☐ 087 組織形態	087 組織内部の分業の度合いとその調整の仕組みのことをいう。
☐ 088 組 織 図	088 企業を構成する部門名や部門と部門との関係，配置人数数などを図にして表したものをいう。
☐ 089 組 織 文 化	089 組織内部で共有される価値観や行動様式のことを指す。
☐ 090 ダイナミック・ケイパビリティ	090 変化のスピードが速くなっている経済環境に対応して，自社のビジネスに対する取り組みも変化させていくことができる能力のことをいう。
☐ 091 多 角 化	091 新しい市場に新製品や新サービスを投入していく戦略のことをいう。複数の事業を手がけることになるので，リスクの分散を図ることができる反面で，シナジー効果はうまれにくいという欠点がある。
☐ 092 タ ス ク	092 ビジネスにおいて任された仕事のことをいう。一般に小さな作業が多い。
☐ 093 タスク完結性	093 タスクの始めから終わりまで関わっている度合いをいう。一つの仕事の完了まで携わり，その全体像が把握できるほど，モチベーションは高まるとされる。
☐ 094 タスク志向	094 目標と，目標を達成するためのタスクを部下に割り当てて，その成果を重視するリーダーシップのことをいう。
☐ 095 タスク重要性	095 与えられたタスクが周囲の人や企業，社会などに与える影響が大きいほど，従業員のモチベーションが高まるという性質を表す。
☐ 096 中間管理者	096 現場管理者と最高管理者の間に位置する部長や支店長，課長などの管理職のことをいう。
☐ 097 調 整	097 分業の結果，従業員はそれぞれ異なる作業をすることになる。それを相互にバランスがとれるようにしていくことをいう。
☐ 098 ツー・ボス・システム	098 事業別の指揮命令系統と機能別の指揮命令系統という2人の管理職から指示を受ける仕組みのことをいう。マトリックス組織では，こうした仕組みが用いられるが，コンフリクト(対立や軋轢)が起こりやすい。
☐ 099 撤退障壁	099 事業を撤退する際のさまざまな障壁のことをいう。例えばある製品の製造から撤退する場合，それまでその製品の製造に従事していた従業員の雇用問題などが障壁となる。
☐ 100 電子決済	100 携帯端末やカードなどを利用して，電子データを送受信することで代金の支払いを行うことをいう。

□ 101 同質化戦略 101 競合他社が優れた新商品を発売した場合，その模倣をして類似した商品を自社でも発売する戦略のことである。

□ 102 統 制 102 組織において，管理者が部下を管理することをいう。

□ 103 統制範囲の適正化 103 1人の管理者が管理できる部下の人数には限りがあるので，組織を適正に階層化するべきであるという原則のことをいう。

□ 104 取 引 費 用 104 市場で取引を行うためには，取引相手を探索するための費用，取引相手との交渉に要する費用，信用調査など契約を締結するための費用などが発生する。こうした取引に必要な費用を総称して取引費用という。

□ 105 内 製 105 自社内部で部品や商品を製造することをいう。

□ 106 内発的動機づけ 106 個人の内面から発生する興味や関心などによってモチベーション（動機づけ）を高めることである。

□ 107 人間関係志向 107 人間関係を良好に保つことを重視するリーダーシップのことをいう。企業を取り巻く経営環境に大きな変化がない場合には，人間関係を良好に保つことが重視される傾向にある。

□ 108 買 収 108 相手の企業またはその企業の事業部門を丸ごと買い取ったり，株式会社の株式を買い取ったりすることをいう。吸収合併とは異なり，複数の会社が包括的に一つになるといった法的な効果はない。

□ 109 花 形 109 PPMにおいて，市場成長率も市場占有率も高い事業をいう。

□ 110 範囲の経済 110 複数の事業を手がけることで，技術や設備，ノウハウなどの経営資源をより有効に活用でき，売上高などが増すことをいう。

□ 111 販 売 提 携 111 他社が保有しているブランドや販売経路，販売員などを活用する業務提携のことである。高い技術をもっているが販売する能力がない企業と，すでに販売のノウハウや得意先を確保している企業の間で行われることが多い。

□ 112 非関連型多角化 112 相互に関連がない多角化をすることをいう。相互に関連がない事業を展開するためリスクの分散は図れるが，シナジー効果は生まれにくい。

□ 113 ファイブフォース分析 113 ファイブフォーシズ分析ともいう。新規参入の脅威・代替品の脅威・買い手の交渉力・売り手の交渉力・業界内の競合他社の5つの要素を分析することによって，自社が属する業界の特徴を探り出すことができる。

☐ 114 ファヨール	114 フランスの経営学者で，企業のマネジメントを技術活動・商業活動・財務活動・保全活動・会計活動・管理活動に分類し，さらに管理活動を予測・組織化・命令・調整・統制に区分した。
☐ 115 フィードバック	115 業務の成果に対して，適切な評価や修正点を伝達することをいう。
☐ 116 フォロワーシップ	116 部下がリーダーや組織全体のことを考えて，主体的に動くことをいう。
☐ 117 部　　　門	117 作業の同質性で組織を区分する場合の単位のことである。
☐ 118 フラットな組織	118 組織の垂直的分化があまり行われず，1人の管理者が多くの部下を管理している組織をいう。
☐ 119 フランチャイズ・チェーン	119 フランチャイザー(本部)がフランチャイジー(加盟店)を集め，自己の商号の使用を認めて，同一のイメージのもとに事業を行うチェーンのことである。加盟店は本部に，その対価としてロイヤリティを支払う。
☐ 120 ブランディング	120 企業のブランドに対する共感や信頼などを通じて，その企業の価値を高めていく手法のことをいう。
☐ 121 ブランド・マネージャー	121 ブランディングを担当する人のことをいう。
☐ 122 ブルー・オーシャン戦略	122 独自の価値を提供することで，競争相手のいない市場を生み出すことをいう。
☐ 123 フレームワーク	123 さまざまなビジネスで共通して用いることができる考え方，意思決定，分析，問題解決，戦略立案の枠組みのことをいう。
☐ 124 プロジェクト・マネージャー	124 プロジェクトごとに組織されるチームなどで，リーダーあるいは管理職となる者のことをいう。
☐ 125 プロジェクト組織	125 特定のプロジェクトを実行するために形成された組織のことをいう。原則として，プロジェクトが終了した時点で解散する。
☐ 126 分　　　業	126 一つの仕事をいくつかの作業に分けて，それぞれの作業に特化して複数の人間が作業を行うことをいう。分業によってその作業への専門性が高まり，効率化して仕事を進められる。一方で，分業が進み過ぎると仕事の流れ全体を把握することが難しくなり，モチベーションの低下へとつながるため，調整が必要である。

☐ 127 変革型リーダーシップ	127 従業員の感情やモチベーションを刺激して、組織の変革を導くリーダーシップのことをいう。経済環境の変化に対応して組織の変革が必要になることも増えてきているが、その場合に必要とされるリーダーシップである。
☐ 128 変換能力	128 経営資源を組み合わせて、商品やサービスに変換する能力のことをいう。
☐ 129 ホラクラシー	129 階層構造(ヒエラルキー)がない自主管理型の組織のことをいい、一定のルールに基づいて個人が自主的に行動する。個人の意見がとおりやすいというメリットがある反面で、メンバー相互の調整が難しくなるというデメリットがある。
☐ 130 マクロ環境要因	130 企業単体ではコントロールができない環境要因のことをいい、PEST分析では政治的要因・経済的要因・社会的要因・技術的要因に分けて分析する。
☐ 131 負け犬	131 PPMにおいて、市場成長率も市場占有質も低い事業を指す。撤退を検討する事業が中心となる。
☐ 132 マトリックス組織	132 経営者の下に事業部長と機能部長の両方を設置して、従業員は事業部長と機能部長の両方から指示を受ける組織である。事業ごとの意思決定の流れと機能ごとの意思決定の流れの2つがあるので、機能別組織と事業部制組織の両方のメリットが期待できる。その反面、コンフリクトが生じやすくなるというデメリットもある。
☐ 133 マンダラート	133 仏教の「曼荼羅」(マンダラ)のように、9つのマス目の中心に「目標」を記入し、その周辺のマス目に目標を達成するための手段を記入していく。思考を発展・拡大させていく手法の一つである。
☐ 134 命令一元化の法則	134 命令統一性の原則ともいう。従業員に指示や命令を出す上司は1人を原則とする法則である。
☐ 135 目標設定理論	135 適切な目標を設定することで、従業員のモチベーションを高めることができるとする理論である。一般に曖昧な目標よりは明確な目標のほうが望ましく、達成がきわめて容易な目標よりは一定程度難易度が高い目標のほうが、従業員のモチベーションは高まる。
☐ 136 持株会社	136 ほかの会社を支配・管理することを目的に、その会社の株式を保有している会社のことをいう。

☐ 137 モチベーション	137 動機づけのことをいう。人が何か行動を起こすときに，欲求を満足させようとする気持ちのことを指す。
☐ 138 モチベーションのクラウディング・アウト効果	138 興味や関心をもって研究に取り組んでいる研究者に金銭などの報酬を与えると，かえって興味や関心をなくすことがある。このように外発的動機づけを重視すると，かえって内発的動機づけを失わせることをいう。
☐ 139 模倣可能性	139 競合他社が真似しやすいのかどうかを示す度合いである。模倣可能性が高いほど，競争力は低下する。
☐ 140 モ ラ ー ル	140 組織の構成員が目標の達成に向けて積極的に協力して働こうとする気持ちのことをいう。モチベーションと似ているが，モチベーションは個人のやる気を指し，モラールは集団レベルでのやる気を指す。
☐ 141 問 題 児	141 PPMにおいて，市場成長率は高いが市場占有率は低い事業に分類されるものを指す。市場成長率が高いので将来性はあるが，場合によっては「負け犬」として撤退を検討する可能性もある。
☐ 142 ライセンス契約	142 特許権や商標権，著作権などを保有する権利者が，権利の対象となっている知的財産の使用を認める契約である。有償の場合と無償の場合がある。
☐ 143 ライン・アンド・スタッフ組織	143 ライン組織にスタッフ組織を付け加えた組織形態のことである。
☐ 144 ライン組織	144 企業の事業目的を達成するために必要な作業を直接担当する組織を指す。製造業の場合，仕入部や製造部，販売部(営業部)などが相当する。
☐ 145 リーダーシップ	145 組織のリーダーが目標に向けて構成員を統率していく指導力(力量)のことをいう。一般に経営環境の変化によって，その望ましいあり方は変化する。
☐ 146 利益の専有	146 差別化された商品やサービスを提供することで，市場における利益を独占することをいう。ただし，多くの場合，競合他社によって商品やサービスは模倣されるため，利益の独占は持続しない。
☐ 147 利益ポテンシャル	147 利益をあげられる可能性を推し量ることをいい，一般に競争が激しいほど利益をあげられる可能性は低下していく。例えば競合他社が多数存在する市場では，利益ポテンシャルは低くなる傾向がある。

☐ 148 累積生産量	148 生産を開始してから現時点に至るまでの生産量を加算したものである。この数値が増えるほど商品1単位あたりの製造原価は下がる傾向にある。これを経験効果あるいは経験曲線効果という。
☐ 149 例外事象	149 日常の業務では発生を予測していない事象，あるいは計画のなかには織り込まれていない事象を指していう。

経営資源のマネジメント

☐ 001 ３　　　Ｍ	001 人（Man）・機械（Machine）・原材料（Material）の頭文字をとった略称で，工場などの生産現場における効率性を分析するときの基準になる。
☐ 002 ５Ｓ活動	002 整理・整頓・清掃・清潔・しつけの略称である。
☐ 003 Ｏｆｆ-ＪＴ	003 Off the Job Trainingの略称で，企業の現場から離れて研修所などで講師から講義などを受けて，技術を習得する研修のことをいう。
☐ 004 Ｏ　　Ｊ　　Ｔ	004 On the Job Trainingの略称であり，企業の現場で業務をこなしながら，必要な知識や技能を身につけていくことをいう。
☐ 005 PDCAサイクル	005 計画（Plan）・実行（Do）・評価（Check）・改善（Action）を繰り返すことによって，マネジメントの内容を向上させていく手法のことをいう。
☐ 006 ＰＥＲＴ図	006 アローダイアグラムともいう。作業が複雑に関連する業務を対象に，図を用いて計画・評価するために開発された日程管理の手法である。プロジェクトを管理するうえでは，クリティカルパスを短縮できるかどうかがカギとなる。
☐ 007 Ｑ　　Ｃ　　Ｄ	007 品質（Quality）・コスト（Cost）・納期（Delivery）の頭文字をとった略称で，生産が適正に行われているかどうか管理する概念である。
☐ 008 Ｒ　　Ｆ　Ｉ　Ｄ	008 ID情報を埋め込んだタグから電波などを用いて情報のやりとりを行う技術のことである。
☐ 009 SECIモデル	009 知識には，明確に言葉や数値として伝えることが難しい「暗黙知」と，マニュアルのように暗黙知を文書などに表した「形式知」がある。組織において，暗黙知を形式知へと変換して循環させることで，新たな知識創造を行うモデルをSECIモデルという。

□ 010 安全在庫

010 在庫切れが発生しないように，最低限保有しておく在庫のことをいう。

□ 011 安全性分析

011 資金調達や負債と自己資本の比率などが健全であり，倒産に陥る可能性が低いことを安全性といい，さまざまな財務指標によって安全性の度合いを分析することをいう。

□ 012 暗黙知

012 個人の経験から得たノウハウや感性による技能など，他者に言語化して伝えることが難しい知識をいう。

□ 013 印紙税

013 契約書や領収証などの課税文書に課せられる税金のことをいい，収入印紙を貼付して納税する。

□ 014 インダストリアル・エンジニアリング

014 作業方法とその管理を合理化するために，オペレーション・リサーチや統計学など工学的な手法を用いて管理することをいう。経営工学ともいう。

□ 015 売上高営業利益率

015 営業利益を売上高で割った財務指標のことで，この数値が高いほど収益性が高いことになる。

□ 016 売上高成長率

016 当期の売上高から前期の売上高を差し引いて，前期の売上高で割って計算する財務指標である。この数値が高いほど成長性が高いことになる。

□ 017 売上高総利益率

017 売上総利益を売上高で割った財務指標のことで，この比率が高いほど収益性が高いことになる。

□ 018 営業利益

018 企業の主たる営業によって獲得できた利益のことである。売上高から売上原価と販売費及び一般管理費を差し引いて計算する。

□ 019 エンドユーザー

019 商品やサービスを最終的に使用したり消費したりする人や企業のことを指す。

□ 020 オープン・イノベーション

020 自社が保有する技術やノウハウだけでなく，異なる業種や業態の企業，団体の技術やノウハウなども活用して，イノベーションにつなげることをいう。

□ 021 オープン戦略

021 自社の技術やノウハウなどを無償で公開する戦略をいう。これにより自社の技術を業界のスタンダードにしたり，製品やサービスの普及を早めたりすることができる。

□ 022 **オプション取引**

022 特定の商品を，将来のあらかじめ定められた期日に，現時点で定めた価格（権利行使価格）で，売る権利または買う権利を売買する取引。例えば売買目的有価証券の時価が将来下落する可能性に備え，あらかじめ現時点の価格で売る権利を購入しておけば，実際下落した際に権利を行使することで，有価証券評価損を有価証券売却益で補うことができる。

□ 023 **オムニチャネル戦略**

023 実際の店舗の販売であってもインターネットでの販売でも同じように買い物ができ，しかも複数のチャネルがそれぞれ相互に関連しているのでチャネル（販売経路）を途中で変更しても支障がないようにする戦略のことをいう。一方，チャネルは複数あるが相互に関連していない場合にはマルチチャネル戦略という。

□ 024 **W／R比率**

024 卸売小売販売額比率のことである。卸売業者の販売額を小売業者の販売額で割って計算する。この比率が高いほど，製造業者から小売業者の間に介在する卸売業者の数が多いことを意味する。

□ 025 **開放的チャネル政策**

025 できる限り多くの卸売業者や小売業者に自社の商品を取り扱ってもらう政策である。商品を広く流通させたいときに採用される。

□ 026 **カウンセリング**

026 医師やカウンセラーなど専門的な知識をもつ人と対話することで，悩みを和らげていくことをいう。

□ 027 **科学的管理法**

027 フレデリック・テイラーによる工場労働者の作業量を科学的，客観的に管理する手法のことである。この管理法により，熟練労働者を基準とした標準的な作業量を算出することができるようになった。

□ 028 **可 用 性**

028 情報セキュリティマネジメントにおいて，情報を使いたいときに使えるようにしておくことをいう。

□ 029 **カリスマ的支配**

029 人々を惹きつける特異な能力や名声，人気などによって正当化される支配のことをいう。

□ 030 **過 労 死**

030 仕事による過労などで死に至ることを指す。身体的な疲労だけでなく精神的なストレスなども要因となる。

□ 031 **間 接 金 融**

031 企業が金融機関からの借り入れによって資金を調達することをいう。

□ 032 **間 接 雇 用**

032 派遣労働者は，労働者派遣事業を行っている人材派遣会社（派遣元企業）に直接雇用され，実際に働く派遣先企業からみると人材派遣会社を間に挟んだ形態の雇用になる。こうした派遣先企業からみた間接的な雇用形態のことをいう。

□ 033 間 接 税　　033 担税者と納税者が異なる税のことをいう。例えば消費税の場合，消費者が税を負担し，小売店などが納税する。

□ 034 間 接 流 通　　034 卸売業者や小売業者が介在して商品を販売する流通のことをいう。

□ 035 完 全 性　　035 情報セキュリティマネジメントにおいて，正当な権限をもたない人間によって情報が破壊・改ざん・消去されていない状態を確保することをいう。

□ 036 かんばん方式　　036 ジャスト・イン・タイムを実現するためにトヨタ自動車が用いた手法で，後工程が部品を使ったら前工程へ「かんばん」を送り，前工程が必要な数の部品を生産して補充する仕組みとなっている。

□ 037 管 理 会 計　　037 財務的資源を数値化して，企業内部の経営管理目的で用いる会計のことをいう。

□ 038 管理責任単位　　038 管理会計の効果を上げるために，組織をコスト・センターやプロフィット・センターに区分することがある。この区分された単位のことをいう。

□ 039 企 業 価 値　　039 主に市場で評価される企業の価格をいう。複数の評価方法を組み合わせて見積もられることが多い。

□ 040 企業ブランド　　040 企業名そのものがブランドとして価値をもつこと。

□ 041 基 本 給　　041 諸手当などを含まない給料のベースになる部分のことをいう。年功序列制度の場合には，この給料のベースになる部分が年齢や勤務期間に応じて上昇していくことになる。

□ 042 機 密 性　　042 情報セキュリティマネジメントにおいて，正当な権限をもった人間だけが情報的資源を利用できる状態にしておくことをいう。

□ 043 金融派生商品　　043 デリバティブともいう。株式や債券などの原資産から派生してできた金融商品で，リスクを軽減したり，一定のリスクのもとに高い収益を追求したりする。先物取引やオプション取引などがある。

□ 044 クローズ戦略　　044 自社が保有する技術やノウハウなどを機密事項として秘匿し，競合他社に対して優位に立とうとする戦略のことである。

□ 045 経 営 資 源　　045 ヒト・モノ・カネ・情報などの，企業を経営していくために必要な要素のことを指す。

□ 046 形 式 知　　046 言語化・数量化された知識で，他人に伝達することが容易なものをいう。

□ 047 原 価 管 理　　047 製品の製造原価が目標とする原価を超えないように管理することをいう。目標とする原価については，標準原価がよく用いられる。

□ 048 健 康 経 営　　048 従業員の健康管理を経営的な視点で考え，健康増進につながる施策を戦略的に実践することをいう。

□ 049 健 康 保 険　　049 病気やけがをしたときに，治療費の給付をする社会保険制度のことで，被保険者だけでなく，その家族にも給付が行われる。

□ 050 研　　　修　　050 従業員の技能や知識の向上を図るために行う教育のことをいう。

□ 051 源泉徴収制度　　051 企業に雇用された従業員の所得税について，あらかじめ給料から所得税を差し引いておき，従業員に代わって企業が国に所得税を納付する仕組みのことをいう。

□ 052 厚生年金保険　　052 原則として企業に勤める従業員や公務員が加入する公的年金制度で，保険料の半額を企業が負担する。老齢年金のほか，病気やけがを負った際の障害年金，死亡時に遺族に給付される遺族年金がある。

□ 053 合 法 的 支 配　　053 集団のなかで共有されている法律などの決まりによって根拠づけられる支配のことをいう。

□ 054 国　　　税　　054 国に納付する税金のことをいう。

□ 055 個人情報保護法　　055 個人情報の保護に関する施策の基本となる事項を定めた法律である。

□ 056 コスト・センター　　056 発生する原価にのみ責任をもつ管理責任単位のことをいう。例えば総務部などは，業務にかかる費用を最低限に抑制しつつ，経営活動の効率化を目指す管理責任単位となる。

□ 057 固 定 資 産 税　　057 毎年1月1日現在で保有している土地，建物，機械装置などの固定資産に対して課される税金のことである。

□ 058 固 定 比 率　　058 固定資産を自己資本で割って算出する比率で，100%を下回れば理想的といえる。

□ 059 雇 用 調 整　　059 経営環境が低迷したときに企業が行う解雇（レイオフ）や配置転換などのことを指す。

□ 060 雇 用 保 険　　060 従業員が失業した場合の失業給付や教育訓練などのための給付を支給すると同時に，失業の予防や雇用状態の是正および雇用機会の増大などのために雇用安定事業や能力開発事業を行う制度である。保険料の一部については，企業が負担する。

□ 061 サーバント・リーダーシップ

061 リーダーはまず相手に奉仕して，その後に相手を導いていくという考え方のリーダーシップである。

□ 062 財務的資源

062 経営活動に用いられる資金全般のことである。

□ 063 財務分析

063 財務諸表に示された数値を一定の方法で分析することをいう。

□ 064 採用

064 従業員を労働市場から募集・選考し，雇用することをいう。

□ 065 採用計画

065 採用に関する計画のことで，採用スケジュールや採用予定人数などを定めるものが多い。

□ 066 裁量労働制

066 労使協定を締結し，労働基準監督署に届け出た労働時間を法律上の実働時間とする制度である。この労働基準監督署に届け出た労働時間を「みなし労働時間」という。長時間労働につながりかねない面が懸念されている。

□ 067 先物取引

067 将来の一定時点における売買の価格や数量をあらかじめ決めておく取引のことをいう。あらかじめ価格を決定しているので，価格変動リスクを避けることができる。

□ 068 サジェスト機能

068 GoogleやYahoo!などの検索エンジンで，文字を入力した際に一定の文字列を予測表示する機能のことをいう。

□ 069 産業財産権

069 知的財産権のうち，特許権・実用新案権・意匠権・商標権を総称した用語である。

□ 070 ジェネラリスト

070 幅広い知識をもち，特定の業務に限らず活躍できる人のことをいう。反対に，特定の業務に特化した人のことをスペシャリストという。

□ 071 仕掛品

071 生産途中の段階にあり，そのままでは販売できないものを指す。完成すると製品(商品)になる。

□ 072 時間外労働時間

072 法定労働時間を超えた労働時間を指す。1日8時間，週40時間を超えた部分が時間外労働時間となる。こうした時間外労働時間に対しては，割増賃金が支払われる。

□ 073 事業外みなし制

073 会社の建物から離れて(事業外)労働した場合，あらかじめ定められた一定の時間勤務したものとみなす制度のことである。営業車で遠方に出かけることが多い営業部員など，会社の外で働くことが多く，労働時間の算定が難しいケースで導入される。

□ 074 事業継続計画（BCP）

074 リスク対応のうち，特に大規模災害などを想定して，事業の継続と早期復旧に備える計画のことをいう。

□ 075 事　業　税　　075 会社など事業を営んでいる法人の利益に対して主に課される税である。法人は事業を営むうえでさまざまな行政サービスを享受しているので，それにみあうコストを負担するべきであるという考え方に基づいて課税される。

□ 076 資 金 調 達　　076 ビジネスを展開するうえで発生する費用をまかなうために必要な資金を用意することをいう。

□ 077 自 己 啓 発　　077 自ら能力開発を行っていくことをいう。

□ 078 自己資本比率　　078 総資本のなかで自己資本の占める割合をみる比率である。この比率が高いほど企業の財務体質は安定しているといえる。

□ 079 自己資本利益率　　079 ROEともいい，利益を自己資本で割って計算する。この比率が高いほど自己資本を効率的に活用していることになる。

□ 080 自己申告制　　080 ジョブローテーション（配置換え）や勤務評価などを実施する際の資料を，従業員本人による申告を通じて収集する制度のことである。

□ 081 自動運転技術　　081 運転手の代わりに，システムが自動車を運転する技術。5段階にレベル分けされており，現在は特定の条件下でシステムによる完全な自動運転が行われるレベル4が目指されている。

□ 082 資本回転率　　082 売上高を資本で割って求める指標で，この数値が高いほど資本が効率的に利用されていることを意味する。この資本については自己資本や総資本の金額などが用いられる。

□ 083 資本コスト　　083 資金を調達する際のコストのことをいう。例えば株式を発行すると配当金の支払いが必要になり，金融機関から借り入れをした場合には支払利息の支払いが必要になる。

□ 084 資本利益率　　084 利益を資本で割って計算する比率をいう。利益を税引後当期純利益，資本を自己資本とすると自己資本利益率（ROE）となる。この比率が高いほど資本を効率的に活用していることを意味する。

□ 085 社内公募制度　　085 人材を補充する必要がある部署が社内で異動希望者を募り，従業員本人の意思で応募できる制度である。

□ 086 社内フリー　　　086 勤務期間や年齢など一定の条件を満たした従業員にFA（フリーエージェント制度　　　　　ジェント）権を認め，今後異動したい部署を自己申告できる制度のことである。

☐ 087 収益性分析	087 その企業がどれだけ効率的に利益をあげているのかを分析することをいう。
☐ 088 就 業 規 則	088 始業・終業時刻や休日，賃金の決定方法などの労働条件について定めたもので，労働基準法により常時10人以上を雇用する使用者には作成が義務づけられている。
☐ 089 住 民 税	089 その地域に居住している個人や事業所などを有する法人が，地域が提供する行政サービスを享受するにあたって，その費用を負担するために都道府県や市区町村に納める税金のことである。
☐ 090 障害者雇用促進法	090 共生社会を実現するために，一定の条件を満たす企業に対して法定雇用率以上の割合で障がい者を雇用することを義務づけている。雇用率が未達成でも罰則規定はないが，常用労働者が100名超の企業は納付金が徴収される。
☐ 091 消 費 税	091 商品の販売やサービスの提供などに課される間接税で，担税者は消費者だが，納付は小売業者などの事業者が行う。
☐ 092 商品ブランド	092 商品名がブランドとしての価値をもつことをいう。
☐ 093 情報化社会	093 情報的資源が物質やエネルギーなどほかの経営資源と同等以上の価値をもつものとされ，その価値を中心として発展する社会をいう。
☐ 094 情 報 資 産	094 データベースやノウハウ，マニュアル，契約書など管理の対象となる情報的資源のことをいう。
☐ 095 情報セキュリティ	095 情報的資源を安全に確保することをいう。
☐ 096 情 報 戦 略	096 企業の中長期にわたる活動のなかで，どのように情報的資源を活用していくのかを定めた戦略のことである。
☐ 097 情報的資源	097 経営活動に必要な情報全般を指す。ノウハウやブランド，知的財産などが含まれる。
☐ 098 情報の非対称性	098 一方は特定の事項に対して詳細な情報をもち，もう一方はそれほど詳しい情報をもっていない状態を指す。例えば保険に加入しようとする人は自分の健康状態について詳しく知っているが，保険会社は加入を希望する人の健康状態をそれほど詳しく知っているわけではない。こうした状況では，情報を詳細にもっている側が自己の利益の拡大を追求しがちになるため，公正な取引が期待できなくなる。

☐ 099 職能資格制度	099 従業員の職務遂行能力に対して賃金を支払う制度のことである。このとき職務遂行能力を評価する人事考課が必要になる。これに対して，職務(どんな仕事をするのか)に応じて賃金を支払う制度もあるが，わが国ではあまり定着していない。
☐ 100 所定外給与	100 残業手当や休日出勤手当のことである。就業規則で定めた始業時間から終業時間以外の労働に対して支払われる給与である。
☐ 101 所定内給与	101 基本給と諸手当をあわせた給与のことである。
☐ 102 所 得 税	102 個人の所得にかかる税金である。
☐ 103 ジョブローテーション (配置換え)	103 一定の時期ごとに従業員の職務や職能を変えることをいう。さまざまな職務や職能を従業員が経験することで，授業員の適性や能力開発などに役立つことなどが期待できる。
☐ 104 人工知能(AI)	104 学習や推論，認識といった人間の知的活動をコンピュータで実現する技術やシステムの総称である。
☐ 105 新卒一括採用	105 企業が将来必要になる従業員数を想定して，高校・専門学校・大学・短期大学などを卒業予定の学生を対象に，毎年1回一括して採用する制度のことである。
☐ 106 人 的 資 源	106 経営資源のうち，企業が展開するビジネスに従事する人々のことをいう。
☐ 107 スワップ取引	107 将来受け取るキャッシュ・フローを交換するデリバティブのことで，例えば変動金利でお金を借りている債務者と固定金利でお金を借りている債務者が，金利部分のみを交換する取引などがある。
☐ 108 正 規 雇 用	108 雇用期間の定めがないフルタイム勤務での雇用をいう。
☐ 109 製造間接費	109 特定の製品の製造に直接関連づけられない原価のことをいう。原価のことをいう。この場合，配賦という手続きで各製品に割り当てることになる。
☐ 110 製 造 原 価	110 製品を製造するために要した原価のことをいう。
☐ 111 製造直接費	111 特定の製品の製造のために消費したことが明確にわかる原価のことをいう。
☐ 112 製造物責任法(PL法)	112 製造物の欠陥によって，身体や財産に被害をこうむった場合，被害者が製造業者などに損害賠償を請求できることを定めた法律である。

☐ 113 成長性分析	113 過去の収益・費用・利益の金額をもとに，将来の業績を予測・分析することをいう。
☐ 114 ゼロベース予算	114 それぞれの部門の予算を全面的に見直して，優先順位の高いものから予算をつけていく方法である。過去の予算設定額を考慮しないことが特徴である。
☐ 115 選択的チャネル政策	115 一定の基準を設けて，その基準を満たした卸売業者や小売業者のみに商品の取り扱いを許可するチャネル政策のことである。
☐ 116 総資産利益率	116 ROAとも略される。利益を資産総額で割って計算し，この数値が高いほど資産全体を効率的に活用していることを示す。
☐ 117 総資本利益率	117 総資産利益率と同じ意味の用語で，利益を総資本(総資産)で割って計算する。
☐ 118 組織均衡論	118 組織の存続条件として，構成員の誘因と貢献のバランスが重要とする理論である。組織が構成員に与える賃金や仕事のやりがいのことを誘因といい，構成員が組織に与える労働などのことを貢献という。組織は貢献以上の誘因を構成員に与えることで，構成員の離脱を防ぐことができる。
☐ 119 ダブルビン方式	119 商品を2つの容器に入れ，片方の容器に入れた商品のみを店頭に陳列し，陳列した商品がなくなったら，新たに商品を追加発注し，もう一方の容器に入れておいた商品を代わりに陳列するという方式である。
☐ 120 団 結 権	120 労働者が労働条件の改善などを求めるために，労働組合などの団体を組織し，運営する権利のことをいう。
☐ 121 男女雇用機会均等法	121 性別を理由とした差別をなくすための法律で，妊娠・出産・育児休暇の取得などを理由とした不利益な取り扱いなどを禁止している。
☐ 122 団体交渉権	122 労働者が団結して使用者(経営者)と交渉できる権利のことをいう。
☐ 123 団体行動権	123 労働組合など労働者の団体が，要求を実現するために団体で行動できる権利のことをいう。
☐ 124 地域団体商標登録制度	124 地域名と商品(サービス)名からなる文字商標を登録できる制度で，地域ブランドの保護による地域活性化を目的としている。
☐ 125 知識集約型産業	125 人間の知的能力が中心となる産業のことで，例えばソフトウェア開発やコンサルティングなどがある。

☐ 126 知的財産権	126	特許権や実用新案権，意匠権，商標権，著作権など人の知的創造活動によって生み出された無形の資産に関する権利を指す。
☐ 127 地　方　税	127	地方公共団体に納付する税金のことをいう。地方消費税や住民税，固定資産税や自動車税などがある。
☐ 128 直 接 金 融	128	企業が株式や社債などを発行して，株主や投資家から資金調達を行うことをいう。
☐ 129 直 接 雇 用	129	企業と従業員が直接的に雇用契約を締結することをいう。例えば企業が正規雇用の従業員やパートタイマーと雇用契約を締結する場合である。
☐ 130 直 接 税	130	所得税や法人税，地方税などのように，担税者と納税者が同じ税のことである。
☐ 131 直 接 流 通	131	製造業が卸売業者や小売業者を介在させずに，電子商取引などで直接商品を販売する流通のことをいう。
☐ 132 賃金カーブ	132	企業に入社してから定年退職するまでの賃金の変化をグラフで表したものをいう。
☐ 133 定期発注方式	133	週に一回，月に一回など発注間隔を決めて，必要な数量を発注する方式のことである。この場合，発注数量はその都度変化する。
☐ 134 定 期 預 金	134	預入期間をあらかじめ定めて期限(満期日)まで引き出しができない預金のことをいう。主に家計と貯蓄や企業の余裕資金の運用などに用いられる。
☐ 135 ディストリビューションセンター	135	DCや在庫型センターとも呼ばれ，在庫を保管・管理し，店舗別などに仕分けしたうえで小売店やエンドユーザー(最終消費者)などに納品する施設のことである。この施設では出荷業務だけではなく，ピッキングや流通加工なども行う。
☐ 136 定量発注方式	136	発注の時期は定めず，在庫があらかじめ定めた数量を下回るとされたときに，一定数量を発注する方式のことである。
☐ 137 適 正 配 置	137	個人の能力や経験に応じて，その業務に適した人員を配置することをいう。
☐ 138 伝統的支配	138	昔から受け継がれるしきたりなどによって正当化される支配のことをいう。

□ 139 動機づけ・衛生理論

139 ハーズバーグによる理論で，仕事に関して満足を生み出す要因(動機づけ要因)と不満足を生み出す要因(衛生要因)は異なり，不満足を生み出す要因を取り除いても満足を生み出すことにはつながらないとしている。例えば衛生要因の一つである報酬を高くした場合，仕事への不満は軽減するが，必ずしも動機づけを高めることにはつながらない。

□ 140 当座比率

140 安全性分析に用いられる指標の一つで，当座資産を流動負債で割って求める。一般に100％以上が望ましいとされる。

□ 141 当座預金

141 預入期間をあらかじめ定めて，満期日までに引き出しができない預金のことをいう。一般に普通預金よりも利子率が高い場合が多く，家計の貯蓄や企業の余裕資金の運用目的などに用いられる。

□ 142 投資信託

142 投資家が集めた資金をまとめて運用の専門家が運用し，その成果を投資家に分配する金融商品である。必ずしも元本は保証されない。

□ 143 特別徴収制度

143 従業員の給料からあらかじめ住民税などの地方税や社会保険料を差し引いておき，事業主が納付する制度である。

□ 144 トップダウン型予算

144 経営者の意向を受けた予算編成を担当する部門が予算を編成し，各部門にその予算の執行を強制する方法である。

□ 145 トランスファーセンター

145 TCや通過型センターとも呼ばれ，主に商品の仕分けや積み替えを行う施設である。基本的に保管はせず，準備ができたら納入先に向けて出荷する。また，ディストリビューションセンターとは異なり，流通加工なども行わない。

□ 146 内部留保

146 税引後当期純利益のうち配当金などとして社外に支払われずに，企業内部に蓄積された部分をいう。社内留保ともいう。

□ 147 日次決算

147 毎日決算を行い，一日ごとの財政状態と経営成績を算定することをいう。

□ 148 能力開発目標

148 業務を遂行するうえで，どのようなことができるようになりたいかを設定する目標のことである。原則として従業員自身が定める。

□ 149 パートタイム労働者

149 一週間の所定労働時間が同じ事業所の通常の労働者(正規雇用労働者など)よりも短い労働者である。短時間労働者に分類される。

□ 150 排他的チャネル政策

150 特定の地域あるいは市場において，特定の流通業者に独占的に製品やサービスを流通させるチャネル政策をいう。

☐ 151 ハウジング・サーバ	151 サーバを自社内に設置するのではなく，データセンターに預けて運用することをいう。
☐ 152 派遣社員	152 人材派遣会社に登録し，勤務は派遣先の企業となる労働者のことをいう。
☐ 153 パラレルキャリア	153 本業と並行して別の仕事を持つことで，新たなキャリアを築くことをいう。必ずしも収入を伴わず，ボランティア活動なども含む。
☐ 154 半 製 品	154 製造工程の途中ではあるが，仕掛品とは異なり販売が可能なものをいう。例えば中華料理店が焼いていない餃子を冷凍餃子として販売した場合，その冷凍餃子が該当する。
☐ 155 非正規雇用	155 雇用期間に定めがある雇用形態のことで，パートタイマーやアルバイト，年契約の契約社員や嘱託職員などが該当する。
☐ 156 ピッキング	156 倉庫などの保管場所で，伝票や指示書に基づいて商品を選び出すことをいう。
☐ 157 ビッグデータ	157 画像や動画など，さまざまな形式を含む膨大な量のデータのことを指す。
☐ 158 品質偽装	158 商品の品質を実際以上に良いものと偽って表示することである。例えば建物の揺れを防ぐ免震ゴムの品質データを改ざんし，実際は規定の性能基準を満たしていなかった事件などがある。
☐ 159 ファクタリング	159 売掛金などの債権を売却して現金化することをいう。
☐ 160 フィンテック	160 ファイナンス(金融)とテクノロジー(技術)を組み合わせた造語で，情報通信技術を活用した金融商品や金融サービスのことをいう。
☐ 161 フォード・システム	161 アメリカの自動車メーカーのフォード社が導入した大量生産システムである。ベルトコンベアによる流れ作業で，作業の合理化を推進した。
☐ 162 福利厚生	162 労働者およびその家族の福祉の向上のために，賃金以外のかたちで使用者が給付するものの総称である。
☐ 163 普通徴収制度	163 自営業者など，納税義務者本人が住民税などを直接国や地方公共団体に申告して納付する仕組みのことをいう。
☐ 164 普通預金	164 自由に預け入れと引き出しができる預金で，家計の貯蓄・公共料金の支払い・給与の振り込みなどに用いられる金融商品である。

☐ 165 物 的 資 源	165 経営活動に用いられる有体物をいう。原材料や仕掛品，建物や機械装置などが含まれる。
☐ 166 不動産取得税	166 土地や建物など不動産を取得したときに課税される税金のことである。
☐ 167 不 当 表 示	167 商品やサービスの品質や機能を実際よりも優良に表示したり，消費者にとって実際以上に有利と誤認させるように価格を表示したりすることをいう。
☐ 168 プラットフォームビジネス	168 ほかの企業や人間がビジネスを行う基盤を提供することによって収益を得るビジネスモデルのことである。例えばUber EatsやAmazonなどのビジネスモデルがある。
☐ 169 ブ ラ ン ド	169 商品やサービスを競合他社のものから識別し，差別化するための商品の名称や・用語・サイン・ロゴデザインなどの組み合わせである。
☐ 170 不 良 率	170 なんらかの欠陥がある仕損品がどの程度の割合で発生したのかを示す指標である。例えば100個の完成品を予定していたところ，3個の仕損品が発生した場合，不良率は3％となる。
☐ 171 フルタイム勤務	171 9時から17時までのように，職場で定められている正規の勤務時間帯にわたり働くことをいう。
☐ 172 プロセスディストリビューションセンター	172 PDCともよばれ，ディストリビューションセンター以上に流通加工の機能を強化した物流センターのことである。
☐ 173 ブロックチェーン	173 一定期間の取引データをブロック単位にまとめ，分散型ネットワークによってコンピュータどうしで相互に検証しながら，データのブロックをチェーン(鎖)のようにつないで蓄積する仕組みである。ネットワークの参加者全員でデータをチェックすることで，信頼性が保たれている。
☐ 174 プロフィット・センター	174 利益責任単位ともいう。売上高から費用を差し引いて，利益に対して責任を負う部門をいう。例えば営業部は売上高と販売費の両方に関して意思決定を行い，最終的な利益に対して責任を負う。
☐ 175 ヘ ッ ジ	175 先物取引やオプション取引などの金融商品を購入することで，為替相場の変動に伴う損失など資産運用に関わるリスクを軽減することをいう。

□ 176 変形労働時間制

176 ある一定の期間にわたり，その期間の平均労働時間が法定労働時間内であれば，一時期法定労働時間を超える労働時間になってもよいとする仕組みである。例えば月曜日に12時間労働しても火曜日から金曜日まで一日7時間の労働であれば，一週間あたり40時間の法定労働時間を超えていないので許容される。

□ 177 法 人 税

177 法人の所得に課税される税金のことである。

□ 178 法定外福利

178 社宅や娯楽施設の提供など，法律に定められていない福利厚生のことをいう。

□ 179 法 定 福 利

179 健康保険や厚生年金保険，労働保険など法律によって定められている福利厚生のことをいう。

□ 180 法定労働時間

180 労働基準法で定められた1日につき8時間，一週間につき40時間を上限とする労働時間のことである。これを超える場合には，割増賃金を支払うことになる。

□ 181 ホーソン実験

181 ウエスタン・エレクトリック社のホーソン工場で行われた実験のことで，従業員の労働意欲は賃金などの労働条件よりも，職場の人間関係や仕事に対する思いといった感情的な部分と関係があることがわかった。

□ 182 ポートフォリオ選択

182 リスクを抑制して高いリターンを得るために，複数の金融商品に資金を分散させることをいう。

□ 183 ホスティング・サーバ

183 データセンターのサーバの一定の容量を借りて使うことをいう。ハウジング・サーバの場合は自社のサーバを預けていたが，この場合はサーバそのものがデータセンターなど第三者のものである。

□ 184 ボトムアップ型予算

184 トップダウン型予算に対して，生産部門や販売部門など各部門に予算編成の権限を委譲して，各部門から提出された部門予算を積み上げて総合予算を編成するという方式のことである。

□ 185 ボトルネック

185 製造活動や販売活動を停滞させている工程や要因のことを指す。もともとは「ビンの首の部分」という意味の用語である。

□ 186 マズローの欲求五段階説

186 人間の欲求階層は低いものから，生理的欲求・安全欲求・社会的欲求・尊厳欲求・自己実現欲求の5つの階層によって構成され，低次の欲求が満たされるとより高次な欲求が高まるとする学説である。

□ 187 マテリアルフロー
コスト会計

187 生産プロセスにおいて，マテリアル（原材料やエネルギーなど）のロスを物量とコストで可視化する原価計算の手法である。環境負荷の軽減やコストの削減などに役立つことが期待されている。

□ 188 みなし労働時間制

188 労働時間の把握が難しい研究職などに対して，実際の労働時間にかかわらず所定の労働時間分だけ働いたとみなす制度のことである。

□ 189 無 形 資 産

189 ノウハウや技術，ブランドなどかたちがない資産の総称である。

□ 190 メンタルヘルス対策

190 精神面の健康を保持するためのさまざまな対策のことをいう。

□ 191 有期雇用労働者

191 1年ごとに雇用契約を更新する契約社員や嘱託社員などのように，事業主と期間の定めのある労働契約を締結している労働者のことをいう。

□ 192 予　　　算

192 翌期の計画を金額で表示して，企業全体で編成したものをいう。目標売上高や製造原価のほかに，資金計画なども盛り込まれている。

□ 193 リアリスティック・
ジョブ・プレビュー

193 略してRJPともいう。企業の採用活動において，仕事に関する現実的な情報を事前に求職者に提供することをいう。良い面だけでなく悪い面も含めた情報を開示することで，入社前の理想と実際の仕事との落差が生じることを防ぐ目的がある。

□ 194 リアリティ・
ショック

194 入社前に抱いていた理想や期待と入社後の現実の落差に衝撃を受けることをいう。この結果，新入社員のモチベーションが低下したり，離職につながったりすることもある。

□ 195 利 益 管 理

195 利益計画を立案し，実際にその計画を実施した後に検証を行い，次の利益計画の改善に結びつけていく一連の活動のことをいう。

□ 196 利 益 計 画

196 目標とする利益（目標利益）を達成するために，いかに収益をあげて費用を抑制するのかを定めた計画のことである。

□ 197 リスク資産

197 利回りにばらつきがある金融商品を指す。高いリターンが期待できる一方，元本割れなどのリスクもある。

□ 198 流 通 構 造

198 生産者から消費者に至る流通の仕組みのことをいう。

□ 199 流 動 比 率

199 短期的な安全性を分析する指標で，流動資産を流動負債で割って求める。一般に200％以上が理想とされる。

□ 200 稟 議 制 度

200 決裁が必要な事項を下位者から上位者へ上申して，決裁を進めていく制度である。

☐ 201 ロイヤリティ	201 著作権や特許権，商標権などを利用する際に，権利の保有者に支払う対価のことをいう。
☐ 202 労使協定	202 労働者あるいは労働組合と経営者が取り交わす約束を書面にしたものをいう。これに違反した場合には，罰則を受けることになる。
☐ 203 労働基準法	203 労働条件における最低限守られるべき基準を定めた法律で，労働基準法を下回る労働条件については，無効になる。
☐ 204 労働災害(労災)	204 業務中や通勤中など，働くことによって負ったけがや疾病のことを指す。
☐ 205 労働三権	205 団結権・団体行動権・団体交渉権の3つの権利の総称である。
☐ 206 労働者災害補償保険(労災保険)	206 労働者が通勤途中や業務に従事しているときに起きた災害(労災)に対して，使用者が負う責任を担保する社会保険制度である。
☐ 207 労働保険	207 労働者災害補償保険と雇用保険の総称である。
☐ 208 ロットサイズ	208 同一の製品を一定の数量(ロット)にまとめて製造する際の，ロットの大きさ(製造する数量)を指す。
☐ 209 ロット生産	209 製品ごとに一定の数量にまとめて製造することをいう。

企業の秩序と責任

☐ 001 IR(インベスター・リレーションズ)	001 主に投資家に対して，企業が財務状況や今後の経営戦略など，投資に関わる情報を提供する広報活動のことである。法律で定める情報開示とは異なり，その形式や内容は企業の自由である。
☐ 002 アカウンタビリティ(説明責任)	002 企業が利害関係者に対して，資金の使途や経営状況，企業活動の内容，社会への影響などを報告し，説明する責任のことをいう。
☐ 003 移 転	003 リスク対応の方法の一つで，リスクを第三者に移すことをいう。例えば火災のリスクは，火災保険によって損害保険会社に移ることになる。
☐ 004 運送保険	004 輸送中や保管中の貨物の損害を補償する損害保険である。
☐ 005 エシカル消費	005 自然環境や地域社会に配慮した商品やサービスを購入するといった，倫理的で道徳にかなった消費のことをいう。
☐ 006 海上保険	006 貿易や海上輸送の際に発生するリスクに備えた損害保険である。

□ 007 回　避	007 リスク対応の方法の一つで，リスクの原因を除去することをいう。例えば盗難に備えて高価な物品を持たないようにすることなどがあげられる。
□ 008 火災保険	008 火災や自然災害(地震は除く)による建物や家財などの損失を補償する保険である。
□ 009 株主総会	009 株主によって構成される株式会社における最高意思決定機関のことである。
□ 010 監査等委員会設置会社	010 ３人以上の取締役で構成される監査等委員会が業務執行の監査・監督を行う株式会社のことをいう。
□ 011 監査役	011 取締役の職務の執行を監査する機関である。株主総会で選任される。
□ 012 監査役会	012 ３人以上の監査役で構成する株式会社の機関のことである。
□ 013 監査役会設置会社	013 監査役会が設けられている株式会社のことをいう。
□ 014 監査役設置会社	014 監査役が設けられている株式会社のことをいう。
□ 015 カントリー・リスク	015 投資や貿易などの取引を行っている国で，政治的・経済的・社会的な変化が発生することに伴うリスクを指す。
□ 016 企業統治（コーポレート・ガバナンス）	016 適正な経営や事業運営を行うために設ける，企業を律する仕組みのことをいう。
□ 017 企業倫理	017 企業の行動と企業を構成する従業員や経営者の意思決定の根幹となる最も重要な守るべき考え方のことをいう。
□ 018 行政指導	018 行政機関が，企業や人に対して助言・勧告・指導などを行うことをいう。行政処分とは異なり，法的な拘束力はない。
□ 019 行政処分	019 行政機関による法律に基づいた処分のことをいう。例えば道路交通法違反に対しては，免許停止処分などが行われる。
□ 020 共通価値の創造	020 CSVともいう。企業がビジネスを通じて，社会的な価値と，企業の経済的な価値の両方を追求するという考え方である。
□ 021 グリーン調達	021 原材料や部品を調達する際，環境に配慮した取り組みを行っている仕入先から優先的に調達することを指す。

☐ 022 軽　　　　減	022 リスク対応の方法の一つで，リスクによる損失の発生可能性を減少させることをいう。例えば盗難に備えてドアを二重鍵にするような場合である。
☐ 023 公益通報者保護制度	023 公益のために内部告発等を行った人を保護するための制度をいう。
☐ 024 コミュニケーション・チャネル	024 企業と消費者の間をつなぐ情報やメッセージの伝達経路を指す。新聞やテレビなどの広告，お客様相談室や営業部員との直接的なやりとりのほか，最近ではSNSを通じたやりとりもみられる。
☐ 025 コンプライアンス（法令遵守）	025 法律や条例，命令などを守るさまざまな取り組みのことをいう。
☐ 026 財務リスク	026 資金(カネ)に関するリスクの総称である。
☐ 027 市場リスク	027 外国為替相場や証券取引所などの市場の価格が変動することによって発生するリスクのことである。
☐ 028 自然災害リスク	028 火山の噴火や集中豪雨，地震など自然災害によるリスクの総称である。
☐ 029 持続可能な社会	029 地球環境を適切に保護・保全し，未来の世代が必要とするものを損なうことなく，開発を行い経済成長を遂げていこうとする社会のことをいう。
☐ 030 指名委員会等設置会社	030 監査委員会・報酬委員会・指名委員会がそれぞれ代表取締役や執行役の監査や報酬決定を行う株式会社である。
☐ 031 受　　　　容	031 リスク対応の方法の一つで，発生可能性が低く，損失の小さい規模については何もしないことをいう。
☐ 032 情報開示（ディスクロージャー）	032 利害関係者に対して，事業内容や財政状態などについて，さまざまな情報を開示することをいう。
☐ 033 情報資源管理	033 情報的資源を評価・整理して，有効活用できるように情報処理システムなどを整えていくことをいう。
☐ 034 信用リスク	034 受取手形や売掛金，電子記録債権の貸し倒れなど取引先の財政状態が悪化することで，債権が回収できなくなるリスクのことをいう。
☐ 035 損害保険	035 主に財産上に生じる損害を補償する保険をいい，火災保険・地震保険・運送保険・自動車保険などがある。
☐ 036 定　　　　款	036 商号や事業の目的，本店所在地などの会社の基本原則を指す。

☐ 037 盗 難 保 険	037 動産が盗難にあったり，強盗による破損が生じたりした際に，損害を補償する保険である。
☐ 038 独立社外取締役	038 高い独立性をもった社外取締役をいう。金融商品取引所が定める独立性基準に抵触せず，一般株主に不利益を与えるおそれのない者でなければならない。
☐ 039 取 締 役	039 株主総会で選任される業務に関する意思決定を行う者をいう。
☐ 040 取 締 役 会	040 取締役で構成される株式会社の機関である。
☐ 041 内部統制システム	041 業務の有効性と効率性，財務報告の適正性や法令の遵守，さらに資産保全を図るための規範や手続きの仕組みのことをいう。企業が適正かつ適法に業務を行うために整備しているさまざまなルールや仕組みのすべてが該当する。
☐ 042 賠償責任保険	042 損害賠償訴訟などに備えた保険のことである。
☐ 043 品質リスク	043 生産している商品やサービスの品質に問題が発生し，消費者に危害を与えるリスクのことである。
☐ 044 フィランソロフィー	044 企業が社会貢献のために奉仕活動を行ったり，公益性の高い団体などに寄付金を拠出したりすることをいう。
☐ 045 粉 飾 決 算	045 財政状態や経営成績などを実際よりも良好にみせるために，貸借対照表や損益計算書などの金額をごまかすことをいう。
☐ 046 法務リスク	046 法令違反や契約違反により，各種の訴訟を起こされたり行政処分を受けたりするリスクのことをいう。
☐ 047 メ セ ナ	047 企業が資金を提供して文化活動などの支援を行うことをいう。
☐ 048 有効性の評価	048 リスクが実際に発生した後に，リスク対応がどれだけ有効だったのかを評価することをいう。
☐ 049 リ ス ク	049 結果が不確実なさまざまな事象のことをいう。多くの場合，あらかじめ発生可能性と影響度を見積もり，対応策を検討することになる。
☐ 050 リスク・マネジメント	050 企業が経営を行ううえで発生するさまざまなリスクによる損失を，最小の費用でくい止めるマネジメントの手法のことである。
☐ 051 リスクアセスメント	051 リスクの発生可能性や影響度を分析・評価することをいう。このとき発生可能性が高く，影響の度合いが大きいリスクほど慎重かつ優先的な対応が必要になる。

□ 052 リスク対応　　052 リスクアセスメントの結果を受けて，回避・軽減・移転・受容というリスクへの対応を決めることをいう。

□ 053 労務リスク　　053 労働契約をめぐるトラブルやさまざまなハラスメントが発生するリスクの総称である。

ビジネスの創造と展開

□ 001 Ｋ　Ｊ　法　　001 文化人類学者の川喜田二郎が考案した手法で，アイデアや知見を一つずつカードやふせんに書き出して，グループ化してまとめていく手法である。課題が「見える化」するほか，ばらばらに提出された事実や知見を関連づけるのにも適している。

□ 002 Ｎ　Ｐ　Ｏ　　002 特定非営利活動促進法に基づいて法人格を取得した法人で，福祉・教育・文化・環境・国際協力などさまざまな分野で活動を行っている民間の非営利組織のことである。

□ 003 Ｔ　Ｌ　Ｏ（技術移転機関）　　003 大学の研究の成果を特許申請し，民間企業などへ技術を移転する機関である。新たなビジネスの創造が期待できるほか，大学側は特許権使用料などを得ることで研究の資金にあてることができる。

□ 004 アイデア・スクリーニング　　004 複数のアイデアのなかから優れたアイデアを選び出すことをいう。ビジネスモデルを考案する場合には，市場性や成長性，売上高と費用の見積もりなどを参考にしながらアイデアを絞り込んでいくことになる。

□ 005 卸売・小売モデル　　005 卸売業者や小売業者のように安く商品を仕入れて高く販売することで得られる商品売買益を収益とするビジネスモデルのことである。

□ 006 起　　　業　　006 創業とほぼ同じ意味で，新たにビジネスを立ち上げることをいう。

□ 007 企　業　家　　007 既存の経営資源や生産方法の新しい組み合わせを考案して，商品やサービスの生産や販売を行う経済主体のことをいう。

□ 008 企業家精神　　008 アントレプレナーシップともいう。企業の経営資源や生産方法の新たな組み合わせを考案して，商品やサービスに具体化していこうとする精神を指す。

□ 009 期　　　限　　009 前もって計画あるいは予定されている一定の日時のことをいう。プロジェクト管理では，期限を明確にすることが重要となる。

□ 010 業務の系統化	010 作業系統化ともいう。プロジェクトを進めるうえで，業務と業務のつながりや関係を明らかにすることで，効率的にそれぞれの業務を進めることが可能になる。
□ 011 継続課金モデル	011 サブスクリプションともいう。一定の期間ごとに決まった金額を支払うことで，商品やサービスを利用できるようにするビジネスモデルである。
□ 012 広告モデル	012 新聞やインターネット，テレビなどに広告を掲載あるいは放送することで得られる広告料を収益とするビジネスモデルのことをいう。
□ 013 公 証 人	013 法務大臣から任命を受けた実質的な公務員であり，公正証書の作成や契約書等の認証などを行う。株式会社を設立する際は，公証人による定款の認証を受けなければならない。
□ 014 事 業 化	014 構想していたアイデアを実際に事業(ビジネス)として具体化していくことである。
□ 015 事 業 機 会	015 自社が新規に参入できる事業領域のことをいう。最も望ましいのは，顧客のニーズと自社の長所の両方が存在する事業領域である。
□ 016 事業計画書	016 自分が手がけようとしている事業の魅力や将来性を金融機関や投資家などに伝えるための報告書のことである。
□ 017 事業コンセプト	017 なんらかの事業(ビジネス)を始めるにあたり，その根幹となるアイデアなどを短い文章にまとめたものである。
□ 018 市 場 調 査	018 標的とする市場に関する情報を収集・分析・解釈して活用する一連の作業のことをいう。
□ 019 質問票調査	019 質問事項を紙に印刷した質問票をもとに調査することをいう。
□ 020 社会的課題	020 人口減少問題や待機児童問題，環境問題など社会全体で共通して抱える解決するべき問題のことをいう。
□ 021 消耗品モデル	021 ジレットモデルともいう。商品本体は低価格で販売し，付随する消耗品を一定の価格で販売することで利益を獲得するビジネスモデルである。剃刀本体を販売した後に替刃を販売する手法や，コピー機を販売した後にインクトナーを販売する手法などがある。
□ 022 進捗報告書	022 プロジェクトの進捗状況に関する報告書のことをいう。
□ 023 信用保証協会	023 中小企業などの資金調達を円滑にするための公的機関で，中小企業が借り入れをする際に保証を行う。

☐ 024 セグメンテーション	024 市場全体をなんらかの基準に基づいて細分化することをいう。
☐ 025 設　　立	025 法律に基づいて会社をつくることをいう。設立登記の申請日が設立した日となる。
☐ 026 潜在顧客	026 自社の商品やサービスを認識しておらず，まだ購入していないが，今後購入する可能性がある顧客を指す。一方，すでに購入している顧客は顕在顧客という。
☐ 027 潜在市場	027 まだ商品やサービスを購入していないが，その可能性がある顧客（潜在顧客）の集まりをいう。
☐ 028 創　　業	028 会社形態をとることに限らず，ビジネスを始めることをいう。
☐ 029 ソーシャルビジネス	029 社会的な課題を解決するために，ビジネスの手法を用いて取り組むことをいう。
☐ 030 ターゲット顧客	030 自社の商品やサービスの標的となる顧客を指す。一般的に市場を細分化（セグメンテーション）した後に，標的とする層を決定（ターゲティング）する。
☐ 031 中小企業基盤整備機構	031 中小企業やベンチャー企業などへの支援を行う独立行政法人で，中小機構と略される。民間の投資会社が運営する投資ファンドへの出資事業などを行っている。
☐ 032 ニーズ	032 消費者の欲求や要望を指す。ニーズに適合した商品やサービスの提供が重要となる。
☐ 033 ニッチ	033 もともとは「隙間」という意味だが，画一的で大規模な市場に対して，隙間的な小さな市場を指すようになった。
☐ 034 日本政策金融公庫	034 中小企業の資金調達の支援などを行う政府系金融機関である。
☐ 035 ビジネスモデル	035 ビジネスにおいて，安定して利益を獲得するための仕組みのことである。
☐ 036 品質管理	036 顧客の要求に適合した品質を達成するための管理のことで，品質マネジメントともいう。
☐ 037 物販モデル	037 自社で開発・生産した商品やサービスを販売することによって，利益を獲得するビジネスモデルである。
☐ 038 フリーミアム	038 基本的な商品やサービスは無料で提供し，付属品や追加的な機能については有料とするビジネスモデルである。

□ 039 ブレーン
　　　 ストーミング

039 創造的なアイデアを生み出すために，特定のテーマについて討議する手法で，相互の批判の禁止と自由奔放な議論，質よりも量の重視などが原則になる。

□ 040 プロジェクト管理

040 プロジェクトを目標どおり完成するために行うさまざまな管理のことをいう。

□ 041 ベンチャーキャピタル

041 ベンチャー企業に投資する会社のことをいう。

□ 042 訪問調査

042 調査員が調査対象者の自宅や勤務先などを訪問して，アンケート調査などを行うことをいう。

□ 043 募集設立

043 株式会社を設立する場合に，発起人以外の人や会社も参加して設立することをいう。

□ 044 発起設立

044 株式会社を設立する場合に，発起人のみで設立することをいう。

□ 045 マーケティング

045 顧客のニーズを満たすために，商品やサービスが売れる仕組みをつくることをいう。商品政策・価格政策・チャネル政策・プロモーション政策に分けて分析することが多い。

□ 046 マスター
　　　 スケジュール

046 プロジェクト管理において，大まかな日程を示した工程表のことをいう。

□ 047 ライセンスモデル

047 著作権などを保有する権利者が，権利の対象となっている知的財産を二次利用することを認める代わりに，ライセンス料(著作権使用料など)を得ることで収益を上げるビジネスモデルである。

ビジネスとマネジメント

☐☐ 2015(平成27)年に国連の持続可能な開発サミットで採択された，持続可能な世界を実現するために設定した17の目標からなる国際的な開発目標のことを，アルファベット４文字で ___(1)___ という。

☐☐ 新しい技術や新しいアイデアなどで，社会的な価値を生み出す「創造的破壊」のことを ___(2)___ という。

☐☐ 預金や貸付金，債券などから得られる利息や株式から得られる配当金などを総称して，___(3)___ という。

☐☐ 会社の設立や機関設計，株式の発行などについて定めている法律は ___(4)___ である。

☐☐ 目標と現状との隔たりを埋めることを，課題 ___(5)___ という。

☐☐ 株式を発行して資金を調達する会社のことを ___(6)___ という。

☐☐ 経済活動に関するさまざまな政府による規制を廃止したり，緩和したりすることを ___(7)___ という。

☐☐ 保有している株式や債券などの売却によって得られる有価証券売却益のことを，___(8)___ という。

☐☐ 電子商取引において，商品を注文した当日か翌日に配送が完了することを，___(9)___ という。

☐☐ 群衆と資金調達を意味する英語を組み合わせた造語で，インターネットを通じて不特定多数の人から資金を募ることを ___(10)___ という。

☐☐ ヒト・モノ・カネ・情報といった経営資源の移動が活性化し，ボーダーレスに地球規模で経済活動が行われることを ___(11)___ という。

☐☐ 企業の存在意義や使命，経営に対しての基本的な考えなどを示し，企業を構成する人々にとっては，行動指針となるものを ___(12)___ という。

□□　人が理解できる範囲や能力には限界があり，限られた範囲内で最適な選択を行わなければならないことを　(13)　という。

□□　わが国で急速に経済が成長した1955(昭和30)年から1973(昭和48)年ごろの時期のことを　(14)　という。

□□　シンボルマークやロゴのデザインなどを通じて企業の特徴を明確に表現し，共通したイメージで顧客が認識できるようにする働きかけのことを　(15)　という。

□□　原材料や部品の調達から生産・流通・販売という流通経路全体の流れのことを　(16)　という。

□□　企業が利害関係者の要請に積極的に対応しながら，事業活動を通じて企業の持続的な成長と社会の持続的発展に貢献することを目指す考え方を　(17)　という。

□□　必要なものを必要な時に必要な量だけ生産し，供給するという仕組みやその考え方のことを　(18)　という。

□□　正規雇用した従業員を，定年までの長期にわたり雇用し続ける制度のことを　(19)　という。

□□　会社の所有と経営を，それぞれ別の人が担うようになる傾向のことを　(20)　という。

□□　業務の結果(仕事の成果)に応じて，賃金水準や昇進などを決定する仕組みのことを，　(21)　という。

□□　多様な個性や価値観をもつ人材を活用して，それぞれの能力が発揮できる環境を整えていくことを，　(22)　・マネジメントという。

□□　65歳以上の人口が全体の21％以上を占めている社会のことを　(23)　という。

□□　年齢や勤続年数に応じて賃金が上がっていく制度を　(24)　という。

□□　年功序列型賃金・終身雇用・企業別労働組合を特徴とするわが国の企業の多くにみられる経営の方式を総称して　(25)　という。

□□　相手の尊厳を傷つけたり，不快感を与えたりするような発言や行動を総称して　(26)　という。

□□　生産工程におけるイノベーションのことを　(27)　・イノベーションという。

□□　これまでになかった革新的な商品やサービスを生み出すイノベーションのことを，　(28)　・イノベーションという。

□□　まるで国境がないかのような状態，あるいは国境が意味をなさないような状態のことを　(29)　という。

□□　革新的な市場を開拓するようなイノベーションのことを　(30)　・イノベーションという。

□□　企業が特定の金融機関と親密になり，その金融機関と長期にわたる安定的な取引を継続することを　(31)　制度という。

□□　合名会社・合資会社・合同会社を総称して，　(32)　という。

□□　主に電子商取引で顧客の購買履歴などを分析して，購買の可能性が高いと推測される商品やサービスを勧めることを　(33)　という。

□□　派遣労働者の保護や適正な労働者派遣事業の確保などを目的とした法律を漢字6文字で　(34)　という。

□□　15歳以上の就業者と完全失業者を合わせた人口で，一国における働く意思と能力をもつ人の総数を　(35)　という。

□□　販売数量が少ないニッチな商品の売上高を積み重ねて，全体の売上高を確保する戦略を　(36)　戦略という。

□□　企業がビジネスを展開したときに影響を受けるすべての関係者のことを　(37)　という。

□□　仕事と生活が調和していることを　(38)　という。

組織とマネジメント

□□　競合・顧客(市場)・自社のそれぞれの視点から情報を整理して分析する方法を，　(1)　分析という。

☐☐　意思決定の迅速化や経営の自由度などを高めるために，経営者が株主から自己株式を買い取って，会社の経営権を掌握することを　(2)　という。

☐☐　生産提携した相手の企業のブランドを付けた商品を生産して供給することを，　(3)　という。

☐☐　政治的要因・経済的要因・社会的要因・技術的要因に分けて，外部環境を分析する手法を　(4)　という。

☐☐　グラフの縦軸に市場成長率，横軸に市場占有率をとって，複数の事業を金のなる木・花形・問題児・負け犬の4つに分類して，資源配分の最適化を図る手法を，アルファベット3文字で　(5)　という。

☐☐　外部環境を機会と脅威，内部環境を強みと弱みに分けて分析する手法を　(6)　という。

☐☐　自社が取り組んでいるビジネスについて，価値・希少性・模倣可能性・組織の観点で分析する手法を　(7)　という。

☐☐　複数の企業がそれぞれの経営資源を相互に利用することで，社会環境の変化に柔軟に対応しようとすることを，企業間連携または　(8)　という。

☐☐　モチベーション(動機づけ)を高める要因のことを　(9)　という。

☐☐　金銭的な報酬や高い評価，あるいは懲罰など，外部から与えられる要因によってモチベーションを高めることを　(10)　という。

☐☐　契約によって，複数の会社が一つになることを　(11)　という。

☐☐　PPMにおいて，市場占有率は高いが市場成長率は低い事業のことを　(12)　という。

☐☐　事業部制組織を発展させて，「あたかも一つの独立した会社」であるかのように企業を分割して編成した組織形態のことを　(13)　という。

☐☐　これまで手がけてきた事業となんらかの関連がある分野に多角化することを，　(14)　という。

☐☐　市場においてどれだけ差別化ができているのか，どれくらい希少な価値があるのかを示す度合いのことを　(15)　という。

□□　製造・営業・研究開発といった機能ごとに部署を構成している組織のことを　(16)　という。

□□　生産量が増加するにつれて，商品1単位あたりのコストが下がることを　(17)　という。

□□　バーナードによる組織が成立するための条件の一つで，さまざまな構成員をまとめる組織全体の価値観や目的などのことを　(18)　という。

□□　バーナードによる組織が成立するための条件の一つで，組織の構成員が個人的な活動を共通目的に沿うように修正し，お互いに協力しあう意思や意欲をもつことを，　(19)　という。

□□　系列店を利用した販売網の構築や株式の持ち合いなどによるメーカーと部品製造会社の安定的な取引などを指して，　(20)　取引という。

□□　部下には意思決定の余地がなく，すべて上司が意思決定を行い，部下を従わせるリーダーシップのことを　(21)　リーダーシップという。

□□　競合他社では真似ができない自社ならではの価値を提供できる「企業の中核的な力」のことを　(22)　という。

□□　生産にかかる費用を下げることで利益を増やし，商品を安く大量に販売することでシェアを伸ばす戦略のことを　(23)　戦略という。

□□　組織内で発生する対立や軋轢のことを　(24)　という。

□□　特徴のある商品やサービスを創造することによって，競合他社の商品やサービスと差別化し，優位性や独自性を構築する戦略のことを　(25)　戦略という。

□□　部門あるいはチームを構成するすべての人間が意思決定に参加できるように配慮するリーダーシップのことを　(26)　リーダーシップという。

□□　市場から撤退する企業が増えてくることによって，市場に残った企業が得られる利益のことを　(27)　という。

□□　部門あるいはチームを構成する従業員のそれぞれがリーダーシップを分担して発揮することを　(28)　・リーダーシップという。

□□　取扱商品や地域，取引先などを基準として事業部を編成し，事業部ごとに利益に対して責任を負う組織形態を　(29)　という。

□□　既存の商品やサービスで，既存の市場に浸透していく戦略のことを　(30)　という。

□□　魅力的な市場ほど新規参入する企業が増加して，その結果競争が激しくなるということを　(31)　のジレンマという。

□□　複数の商品やサービスを手がけることによって，1 + 1 が 2 を超えて 3 や 4 になる効果のことを　(32)　という。

□□　複数の企業が独立しながらも相互に出資して，業務提携以上に関係を深めていくことを　(33)　という。

□□　特定の顧客層や特定の地域などに経営資源を集中する戦略のことを　(34)　戦略という。

□□　従業員の職務を適切に設計すると，従業員のモチベーションが高まるという理論のことを　(35)　という。

□□　組織が階層的に分業できるように区分されていくことを　(36)　分化という。

□□　研究開発部門や生産部門，販売部門などのように機能別に組織が分化していくことを　(37)　分化という。

□□　1 人または少人数の作業チームを編成して，製品の組み立てから完成まで複数の工程を担当する生産方式を　(38)　という。

□□　複数の事業を手がける場合に，どの事業を選択するべきか，どれくらいの経営資源を集中して投入するべきかを決定することを　(39)　という。

□□　組織内部で共有される価値観や行動様式のことを　(40)　という。

□□　新しい市場に新製品や新サービスを投入していく戦略のことを　(41)　という。

□□　現場管理者と最高管理者の間に位置する部長や支店長，課長などの管理職のことを　(42)　という。

□□　携帯端末やカードなどを利用して，電子データを送受信することで代金の支払いを行うことを　(43)　という。

□□　市場で取引を行うためには，取引相手を探索するための費用や交渉に要する費用などがかかる。こうした費用を総称して　(44)　という。

□□　人間の内面から発生する興味や関心などによって，モチベーション（動機づけ）を高めることを　(45)　という。

□□　相互に関連がない複数の事業を手がける多角化のことを　(46)　という。

□□　新規参入の脅威・代替品の脅威・買い手の交渉力・売り手の交渉力・業界内の競合他社の5つの要素を分析することによって，自社が属する業界の特徴を探り出すことを　(47)　という。

□□　組織の垂直的分化があまり行われず，1人の管理者が多くの部下を管理する組織のことを　(48)　な組織という。

□□　ブランディングを担当する人のことを　(49)　という。

□□　独自の価値を提供することで，競争相手のいない市場を生み出す戦略を　(50)　戦略という。

□□　特定のプロジェクトを実行するために形成された組織のことを　(51)　という。

□□　一つの仕事をいくつかの作業に分けて，それぞれの作業に特化して複数の人間が作業を行うことを　(52)　という。

□□　経営者の下に事業部長と機能部長の両方を設置して，従業員は事業部長と機能部長の両方から指示を受ける組織のことを　(53)　という。

□□　従業員に指示や命令を出す上司は1人を原則とする法則のことを　(54)　という。

□□　適切な目標を設定することで，従業員のモチベーションを高めることができるとする理論のことを　(55)　という。

□□　ほかの会社を支配・管理することを目的に，その会社の株式を保有している会社を　(56)　という。

□□　組織の構成員が目標の達成に向けて積極的に協力して働こうとする気持ちのことを　(57)　という。

□□　ヒト・モノ・カネ・情報などの経営資源を組み合わせて，商品やサービスに変換する技術力のことを　(58)　という。

経営資源のマネジメント

□□　人・機械・原材料の英語表記の頭文字をとった略称で，生産現場における効率性を分析する際の基準となるものを　(1)　という。

□□　整理・整頓・清掃・清潔・しつけの略称を　(2)　という。

□□　企業の現場から離れて研修所などで講師から講義などを受けて，技術を習得していく研修のことを，アルファベットで　(3)　という。

□□　企業の現場で業務をこなしながら，必要な知識や技能を身につけていくことを，アルファベットで　(4)　という。

□□　計画・実行・評価・改善を繰り返すことによって，マネジメントの内容を向上させていく手法のことを　(5)　という。

□□　アローダイアグラムともいい，作業が複雑に関連する業務を対象として，クリティカルパスを短縮するために図を用いて計画・評価するために開発された日程管理の手法を　(6)　という。

□□　品質・コスト・納期の英語表記の頭文字をとった略称で，生産が適正に行われているかどうかを管理する概念を　(7)　という。

□□　在庫切れが発生しないように，最低限保有しておく在庫のことを　(8)　という。

□□　個人の経験から得たノウハウや感性による技能など，他者に言語化して伝えることが難しい知識を総称して　(9)　という。

□□　自社が保有する技術やノウハウだけでなく，異なる業種や業態の企業や団体のノウハウなども活用してイノベーションにつなげることを　(10)　という。

□□　デリバティブの一種で，特定の商品を，将来のあらかじめ定められた期日に現時点で定めた価格で，売る権利または買う権利を売買する取引のことを　(11)　という。

□□　実際の店舗の販売であってもインターネットでの販売であっても同じように買い物ができ，しかもそれらの複数のチャネルが相互に関連しているので，チャネルを途中で変更しても支障がないようにする戦略のことを　(12)　という。

□□　商品を普及させるために，できる限り自社の商品を取り扱う卸売業者や小売業者を増やすチャネル政策のことを　(13)　という。

□□　フレデリック・テイラーによる工場労働者の作業量を科学的，客観的に管理する手法のことを　(14)　という。

□□　情報セキュリティマネジメントにおいて，情報を使いたいときに使えるようにしておくことを　(15)　という。

□□　人々を惹きつける特異な能力や名声，人気などによって正当化される支配のことを　(16)　という。

□□　情報セキュリティマネジメントにおいて，正当な権限をもたない人間によって情報が破壊・改ざん・消去されていない状態を確保することを　(17)　という。

□□　企業が金融機関からの借り入れによって資金を調達することを　(18)　という。

□□　ジャスト・イン・タイムを実現するためにトヨタ自動車が用いた手法で，後工程が部品を使ったら，前工程へ必要な数の部品を指示する方式のことを　(19)　という。

□□　言語化・数量化された知識で，他者に伝達することが容易なものを　(20)　という。

□□　従業員の健康管理を経営的な視点で考え，健康増進につながる施策を戦略的に実践することを　(21)　という。

□□　主に市場で評価される企業の価格のことを　(22)　という。

□□　情報セキュリティマネジメントにおいて，正当な権限をもった人間だけが情報的資源を利用できる状態にしておくことを　(23)　という。

□□　自社が保有する技術やノウハウなどを機密事項として秘匿し，競合他社に対して優位に立とうとする戦略のことを　(24)　という。

□□　ヒト・モノ・カネ・情報など，企業が経営をしていくために必要な要素のことを　(25)　という。

□□　企業に雇用された従業員の所得税について，あらかじめ給料から所得税を差し引いておき，従業員に代わって企業が国に納付する仕組みのことを　(26)　制度という。

□□　発生する原価のみに責任をもつ管理責任単位のことを　(27)　という。

□□　固定資産を自己資本で割って計算する比率で，100％を下回ることが理想的とされているものは，　(28)　である。

□□　まず相手に奉仕して，その後に相手を導いていくという考え方のリーダーシップを　(29)　・リーダーシップという。

□□　GoogleやYahoo!などの検索エンジンで，文字を入力した際に一定の文字列を予測表示する機能のことを　(30)　機能という。

□□　知的財産権のうち，特許権・実用新案権・意匠権・商標権を総称して　(31)　という。

□□　幅広い知識をもち，特定の業務に限らず活躍できる人のことを　(32)　という。

□□　法定労働時間を超える労働時間のことを　(33)　という。

□□　リスク対応のうち，特に大規模災害などを想定して，事業の継続と早期復旧に備える計画のことを　(34)　という。

□□　自ら能力開発を行っていくことを　(35)　という。

□□　資金を調達する際のコストのことを　(36)　という。

□□　利益を自己資本で割って計算する比率をROEまたは　(37)　という。

□□　労働基準法により常時10人以上を雇用する使用者には作成が義務づけられており，始業・終業時刻や休日，賃金の決定方法などの労働条件について定めたもののことを　(38)　という。

□□　一方は特定の事項について詳細な情報をもち，もう一方はそれほど詳しい情報をもっていない状態のことを，情報の　(39)　という。

□□　さまざまな職務を経験してもらうために，一定の時期ごとに従業員の職務や職能を変えることを　(40)　という。

□□　学習や推論，認識といった人間の知的活動をコンピュータで実現する技術やシステムを総称して　(41)　という。

□□　それぞれの部門の予算を全面的に見直して，優先順位の高いものから予算を設定する方法を　(42)　という。

□□　一定の基準を設けて，その基準を満たした卸売業者や小売業者のみに商品の取り扱いを許可するチャネル政策のことを　(43)　という。

□□　変動金利による将来の受取利息と固定金利による将来の受取利息を交換するように，将来受け取るキャッシュ・フローを交換するデリバティブのことを　(44)　という。

□□　組織の存続条件として，構成員の誘因と貢献のバランスが重要であるとする理論のことを　(45)　という。

□□　製造物の欠陥によって，身体や財産に被害をこうむった場合，被害者が製造業者などに損害賠償を請求できることを定めた法律を，　(46)　という。

□□　従業員の給料からあらかじめ住民税などの地方税や社会保険料を差し引いておき，事業主が納付する仕組みのことを　(47)　制度という。

□□　労働者が団結して使用者(経営者)と交渉できる権利のことを　(48)　という。

□□　企業に入社してから定年退職するまでの賃金の変化をグラフで表したものを　(49)　という。

□□　週に一回，月に一回など発注間隔を決めて，必要な数量を発注する方式を　(50)　方式という。

□□　ハーズバーグによる理論で，仕事に満足感を生み出す要因と仕事に不満足を生み出す要因は異なり，不満足を生み出す要因を取り除いても満足を生み出すことにはつながらないことを　(51)　理論という。

□□　地方消費税や住民税，固定資産税など地方公共団体に納付する税金のことを，　(52)　という。

□□　投資家が集めた資金をまとめて運用の専門家が運用し，その成果を投資家に分配する金融商品を　(53)　という。

□□　データセンターなどに自社のサーバを預けて運用することを　(54)　という。

□□　人材派遣会社に登録し，勤務は派遣先の企業となる労働者のことを　(55)　という。

□□　画像や動画などさまざまな形式のデータで構成される膨大な量のデータのことを　(56)　という。

□□　自営業者など，納税義務者本人が住民税などを直接国や地方公共団体に申告して納付する仕組みのことを　(57)　制度という。

□□　ほかの企業や人間がビジネスを行う基盤を提供することによって，収益を得るビジネスモデルのことを　(58)　ビジネスという。

□□　商品やサービスを競合他社のものから識別し，差別化するための商品の名称や用語・サイン・ロゴデザインなどの組み合わせを　(59)　という。

□□　社宅や娯楽施設の提供など，法律に定められていない福利厚生を　(60)　という。

□□　発注の時期は定めず，在庫があらかじめ定めた数量を下回るとされたときに，一定数量を発注することを　(61)　方式という。

□□　売上高から費用を差し引いて，利益に対して責任を負う部門のことを，利益責任単位あるいは　(62)　という。

□□　労働条件における最低限守られるべき基準を定めた法律は　(63)　である。

企業の秩序と責任

□□　投資家を主な対象として，企業が投資に関わる情報を提供する広報活動のことを，アルファベット2文字で　(1)　という。

□□　リスク対応の方法の一つで，リスクを第三者に移すことを　(2)　という。

□□　自然環境や地域社会に配慮した商品やサービスを購入するといった，倫理的で道徳にかなった消費のことを　(3)　という。

□□　投資や貿易などの取引を行っている国で政治的・経済的・社会的に変化が発生し，利得あるいは損失をこうむる可能性のことを　(4)　という。

□□　適正な経営や事業運営を行うために設ける企業を律する仕組みのことを　(5)　という。

□□　企業の行動と企業を構成する従業員や経営者の意思決定の根幹となる最も守るべき考え方のことを　(6)　という。

□□　企業がビジネスを通じて，社会的な価値と，企業の経済的な価値の両方を追求するという考え方のことを，CSVまたは　(7)　の創造という。

□□　公益のために内部告発等を行った人を保護するための仕組みのことを　(8)　制度という。

□□　法律や条例，命令などを守るさまざまな取り組みのことを，法令遵守または　(9)　という。

□□　地球環境を適切に保護・保全し，未来の世代が必要とするものを損なうことなく，開発を行い経済成長を遂げていこうとする社会のことを　(10)　な社会という。

□□　利害関係者に対して，事業内容や財政状態などについて，さまざまな情報を開示することを　(11)　という。

□□　業務の有効性と効率性，財務報告の適正性や法令の遵守，さらに資産保全を図るための規範や手続きの仕組みなど，企業が適正かつ適法に業務を行うために整備しているさまざまなルールや仕組みのことを　(12)　という。

□□　財政状態や経営成績などを実際よりも良好にみせるために，貸借対照表や損益計算書などの金額をごまかすことを　(13)　という。

□□　企業が経営を行ううえで発生するさまざまなリスクによる損失を，最小の費用でくい止めるマネジメントの手法を　(14)　という。

□□　リスクの発生可能性や影響度を分析・評価することを　(15)　という。

□□　リスクに対して，回避・軽減・移転・受容などの対応を決めることを　(16)　という。

□□　文化人類学者の川喜田二郎が考案した手法で，アイデアや知見を一つずつカードやふせんに書き出して，グループ化してまとめていくことを　(1)　という。

□□　大学の研究の成果を特許申請し，その特許権で研究の成果を保護しつつ技術を民間企業などへ移転する機関を　(2)　という。

□□　企業の経営資源や生産方法の新たな組み合わせを考案して，商品やサービスに具体化していこうとする精神を　(3)　という。

□□　自分が手がけようとしている事業の魅力や将来性を金融機関や投資家などに伝えるための報告書のことを　(4)　という。

□□　人口減少問題や待機児童問題，環境問題など社会全体で共通して抱える解決するべき問題のことを　(5)　という。

□□　市場全体をなんらかの基準に基づいて細分化することを　(6)　という。

□□　法律に基づいて会社をつくることを　(7)　という。

□□　自社の商品やサービスを認識しておらず，まだ購入していないが，今後購入する可能性がある顧客のことを　(8)　という。

□□　社会的な課題を解決するために，ビジネスの手法を用いて取り組むことを　(9)　という。

□□　画一的で大規模な市場に対して，隙間的な小さな市場のことを　(10)　という。

□□　顧客の要求に適合した品質を達成するための管理(マネジメント)のことを　(11)　という。

□□　基本的な商品やサービスは無料で提供し，付属品や追加的な機能については有料とするビジネスモデルのことを　(12)　という。

□□　相互の批判の禁止・自由奔放な議論・質よりも量の重視といった原則をふまえて，創造的なアイデアを生み出すために，特定のテーマについて討議する手法のことを　(13)　という。

□□　プロジェクトを目標どおり完成するために行うさまざまな管理のことを，
　　　　(14)　という。

□□　一定の期間ごとに決まった金額を支払うことで，商品やサービスを利用で
　　　きるようにするビジネスモデルを，継続課金モデルまたは　(15)　という。

□□　ベンチャー企業に資金を融通する企業などのことを　(16)　という。

□□　調査員が調査対象者の自宅や勤務先などを訪問して，アンケート調査など
　　　を行うことを　(17)　という。

□□　株式会社を設立する場合に，発起人以外の人や会社も参加して設立するこ
　　　とを　(18)　という。

□□　発起人のみで株式会社を設立することを　(19)　という。

□□　プロジェクト管理において，大まかな日程を示した工程表のことを
　　　　(20)　という。

商業経済検定試験
分野別問題

1 次の文章を読み，問いに答えなさい。

　企業が小規模なうちは，出資者は企業の所有者であると同時に，経営者でもある。企業家は利益の獲得を目指して経営を行い，同時にさまざまなリスクを負うことになる。このように多くのリスクがあったとしても，あえてビジネスを展開し，事業を創造していこうとする精神のことを，　①　という。

　次第に市場が拡大すると，競合する他社との競争に打ち勝つために，企業は資金を調達して投資を行うようになる。この資金調達に最も適しているのが株式会社である。株式会社は，会社の所有権を細かく分けたものである　②　を発行して，(a)株式会社の出資者から広範囲に資金を集めることで，より大規模なビジネスを可能にするという強みをもっている。

　さらに，会社が成長するにしたがって，(b)会社の所有と経営が別の人によって担われるようになり，専門の経営者には，利益の獲得だけではなく，社会全体に及ぼす影響を考慮した経営が求められるようになった。

問1．文中の　①　に入る用語として，次のなかから適切なものを一つ選びなさい。
　ア．経営理念　　イ．企業家精神　　ウ．コンフリクト

問2．文中の　②　に入る用語として，次のなかから適切なものを一つ選びなさい。
　ア．債券　　イ．日本銀行券　　ウ．株式

問3．下線部(a)を何というか，次のなかから適切なものを一つ選びなさい。
　ア．債権者　　イ．取締役　　ウ．株主

問4．下線部(b)を何というか，次のなかから適切なものを一つ選びなさい。
　ア．所有と経営の分離　　イ．雇用と経営の分離　　ウ．利益と社会の分離

1	問1	問2	問3	問4

2 次の文章を読み，問いに答えなさい。

　資本主義の初期では，ほとんどの企業が小規模であり，企業と利害関係をもつ関係者の数も少なかった。しかし，企業の規模が大きくなるにつれて，(a)企業と利害関係をもつ人や組織も増加していき，自社の利益のみを最優先にした利己的な活動は許されなくなる。こうした大規模な企業のあり方について，世界的な電機メーカーを創業した松下幸之助は，「企業は社会の公器である」という言葉を残した。つまり，(b)企業は単なる営利団体ではなく，社会における市民としての役割を果たすものという考え方が主流になってきたのである。企業をこうした立場でとらえると，企業には

(c)社会で発生するさまざまな問題に対応する責任や利害関係者に対する責任が生じることになる。

　例えば自然環境に対しては，環境問題への配慮を行い，国や地方公共団体には適切に納税を行う必要がある。また，従業員には賃金を支払い，生活を安定させるほか，(d)仕事と生活の調和を図る必要がでてくる。

　もし環境破壊や脱税，さらに従業員を酷使して過労死に至らせるようなことがあれば，その企業が提供する製品やサービスに対して消費者は厳しい態度をとり，場合によっては経営破綻に至ることも覚悟しておかなくてはならない。

問１．下線部(a)を何というか，次のなかから適切なものを一つ選びなさい。
　　ア．ブランド・マネージャー　　イ．ステークホルダー　　ウ．フリーエージェント

問２．下線部(b)を何というか，次のなかから適切なものを一つ選びなさい。
　　ア．企業市民　　イ．ダイバーシティ　　ウ．潜在顧客

問３．下線部(c)を何というか，次のなかから適切なものを一つ選びなさい。
　　ア．製造物責任　　イ．損害賠償責任　　ウ．社会的責任

問４．下線部(d)を何というか，次のなかから適切なものを一つ選びなさい。
　　ア．ワークシェアリング　　イ．ワーク・ライフ・バランス　　ウ．ワーケーション

2	問1	問2	問3	問4

3　次の文章を読み，問いに答えなさい。

　情報通信技術(ICT)の発達は，既存のビジネスモデルを変革した。かつては商品を安く仕入れて高く販売することによって利益を獲得するビジネスモデルが中心だったが，小売業者の販売方法も情報通信技術の発達を受けて，進化を遂げている。

　例えばインターネット上に仮想店舗を設けたある小売業者は，現実の店舗の数百倍の品揃えと(a)顧客一人ひとりに適した商品を勧めることを可能にしたほか，(b)受注した当日か翌日に商品の配送を完了させる仕組みを整備している。

　また，従来は売れ筋商品を中心に小売店舗の棚に陳列していたが，(c)ニッチな商品の売上高を積み上げていくという戦略も採用されるようになった。こうした戦略は，敷地や店舗の面積に制約を受けないインターネット上の仮想店舗ならではの強みといえる。

　ただし，こうした大成功をおさめたビジネスモデルであっても，成功して大企業になったがゆえに，さらに新しいビジネスモデルの構築に遅れをとる可能性がある。このように(d)既存の市場で成功してしまったがゆえに，新規事業への挑戦や新たなビジネスモデルの構築に遅れをとるジレンマがあるということに注意しておかなければならない。

問1．下線部(a)を何というか，次のなかから適切なものを一つ選びなさい。
　ア．リコメンド　　イ．ビジネスアイデア　　ウ．コモディティ化

問2．下線部(b)を何というか，次のなかから適切なものを一つ選びなさい。
　ア．グリーン調達　　イ．アイデンティティ　　ウ．クイック・デリバリー

問3．下線部(c)を何というか，次のなかから適切なものを一つ選びなさい。
　ア．ロングテール戦略　　イ．オムニチャネル戦略　　ウ．多角化戦略

問4．下線部(d)を何というか，次のなかから適切なものを一つ選びなさい。
　ア．市場魅力度のジレンマ　　イ．イノベーションのジレンマ　　ウ．企業能力のジレンマ

③	問1	問2	問3	問4

④ 次の文章を読み，問いに答えなさい。

　わが国の企業は，日本的経営と呼ばれる伝統的な経営システムをつくりだしてきた。

　その一つに，年齢や勤続年数が長くなるほど仕事をこなす能力も高くなるはずだという仮定に基づき，(a)年齢や勤続年数に応じて賃金が上がっていく制度がある。長く勤めることを前提とした制度であり，従業員の企業に対する帰属意識や仕事への意欲が高まることを期待して，多くの企業で採用されてきた。

　また，この制度を支えるものとして，(b)高校や大学などの新卒者を一括採用し，定年までの長期にわたり雇用する制度がある。さらに，(c)企業単位で組織化された労働組合が，わが国では労使交渉の中心となっている。しかし，能力の高い若年層が途中で転職してしまうなどの事象がみられはじめ，最近では(d)仕事の成果に応じて，賃金や昇進を決定する仕組みも導入されつつある。

問1．下線部(a)を何というか，次のなかから適切なものを一つ選びなさい。
　ア．固定給諸手当　　イ．職能資格制度　　ウ．年功序列型賃金

問2．下線部(b)を何というか，次のなかから適切なものを一つ選びなさい。
　ア．終身雇用　　イ．間接雇用　　ウ．臨時雇用

問3．下線部(c)を何というか，次のなかから適切なものを一つ選びなさい。
　ア．職種別労働組合　　イ．産業別労働組合　　ウ．企業別労働組合

問4．下線部(d)を何というか，次のなかから適切なものを一つ選びなさい。
　ア．成果主義　　イ．出来高給制　　ウ．時間給制

4	問1	問2	問3	問4

5 次の文章を読み，問いに答えなさい。 （第4回一部改題）

　企業形態には，個人企業をはじめとして，合名会社，合資会社，合同会社，株式会社，協同組合などがある。そして企業形態の違いによって，企業の経営にはそれぞれ異なる特徴がある。

　代表的な企業形態である株式会社の場合は，(a)株式の発行により，資金調達の単位が細分化され，証券化されていること，(b)出資者が有限責任であること，(c)取締役が株主であることを必要としないこと等の特徴がある。さらに，(d)株式上場を行うと，より多額の資金を調達できるようになる。

問１．下線部(a)の説明として，次のなかから適切なものを一つ選びなさい。

　ア．企業の資産価値が高まるので，財務上企業にとっては有利になる。

　イ．株式の相互持ち合いが容易になり，経営が安定する。

　ウ．投資家にとっては出資がしやすくなり，損失のリスクも軽減される。

問２．下線部(b)の説明として，次のなかから適切なものを一つ選びなさい。

　ア．株主は有限責任なので，株式会社の財産と個人の財産との間には直接的な関係はない。

　イ．経営者には道義的な責任があるので，常に無限責任を負うことになる。

　ウ．代表権をもっていない経営者であれば有限責任を負うのみである。

問３．下線部(c)の理由として，次のなかから適切なものを一つ選びなさい。

　ア．取締役は役員賞与を受け取るので，株主として配当金を受け取る必要性がないため。

　イ．経営の専門家に経営を担ってもらうので，株主に限定する必要がないため。

　ウ．会社を支配する人と会社を経営する人は，同一であることが望ましいため。

問４．下線部(d)の説明として，次のなかから適切なものを一つ選びなさい。

　ア．特定の事業を開始するごとに資金を集めて，事業が完了した時点で利益を分配することである。

　イ．インターネットを通じて，株式の売買を行えるようにすることである。

　ウ．証券取引所で株式が売買されるようになることである。

5	問1	問2	問3	問4

6 次の文章を読み，問いに答えなさい。

　企業や消費者を取り巻くさまざまな環境が変化することで，新たな社会的課題とビジネスを生み出し，マネジメントの内容もまた変化をせまられるようになる。

　例えば，経済のグローバル化の進展により，(a)あたかも国境がないかのようにヒト・モノ・カネ・情報といった経営資源の移動が活性化し，企業のマネジメントを行ううえで国際社会の動向を無視することはできなくなってきている。とりわけ(b)2015（平成27）年の国連サミットで決議された17の目標と169のターゲットについては，マネジメントのなかに取り込んでいる企業が増えてきている。

　また，情報通信技術（ICT）の発展は在宅勤務の導入や(c)インターネットを通じて不特定多数の人から小口の支援を募る資金調達などの進展に影響を与えている。

　さらに規制緩和あるいは規制改革によって，24時間営業のコンビニエンスストアで一般用医薬品の一部を販売できるようになったり，労働者派遣法の改正によって(d)非正規雇用の増加につながったりしている。

問１．下線部(a)のような状態を何というか，カタカナ６文字で正しい用語を記入しなさい。

問２．下線部(b)を何というか，次のなかから適切なものを一つ選びなさい。
　　ア．SDGs　　イ．フェアトレード　　ウ．MDGs

問３．下線部(c)を何というか，次のなかから適切なものを一つ選びなさい。
　　ア．エクイティファイナンス　イ．デットファイナンス　ウ．クラウドファンディング

問４．下線部(d)の説明として，次のなかから適切なものを一つ選びなさい。
　　ア．高校や大学を卒業後，主に４月に一括して採用され，定年までフルタイムで働くという雇用
　　　制度のことである。
　　イ．雇用期間が定められている雇用のことであり，短時間勤務が多いパートタイマーやアルバイ
　　　ト，年契約の契約社員や嘱託社員などの形態がある。
　　ウ．雇用期間に定めがなく勤務時間はフルタイムであるが，職種や勤務地が限定されている雇用
　　　のことである。

6	問1					問2	問3	問4

1 次の文章を読み，問いに答えなさい。 （第13回一部改題）

　プロ野球の監督やコーチは，企業の管理者と比較され，話題になることが多い。以下は，元プロ野球監督N氏へのインタビューの一部である。

　　記者「監督やコーチとは，株式会社でいうとどのような地位だと思いますか。」

　　N氏「チームという会社の社長が監督で，コーチは(a)中間管理者とか(b)現場管理者というところかな。そして，オーナーが株主だね。」

　　記者「Nさんが監督として，特に重要と考えていたのはどんなことでしょうか。」

　　N氏「(c)チームと選手の価値観や目的を「優勝」に統一し，コーチとコーチ，コーチと選手，選手と選手がその目的のもと，ともに協力しあい，さらに意思と意思の伝達を円滑にすることかな。」

　　記者「なるほど。その考えに基づいて，Nさんが初めに着手された仕事はどんなことでしたか。」

　　N氏「まずはしっかりとした組織づくり。(d)私はコーチに，投手・守備・打撃などの専門分野をもたせ，その分野についてはコーチの指導に任せる。その分，結果についても責任をもってもらうという考え方を徹底する。」

問1．下線部(a)・(b)の職位の組み合わせとして，次のなかから適切なものを一つ選びなさい。

　ア．(a)係長・(b)主任　　イ．(a)課長・(b)係長　　ウ．(a)支店長・(b)課長

問2．下線部(c)を何というか，次のなかから適切なものを一つ選びなさい。

　ア．共通目的　　イ．協働意欲　　ウ．コミュニケーション

問3．組織のマネジメントにおいて下線部(d)のような考え方を何というか，次のなかから適切なものを一つ選びなさい。

　ア．例外の原則　　イ．専門化の原則　　ウ．権限と責任の一致

1	問1	問2	問3

2 次の文章を読み，問いに答えなさい。 （第18回一部改題）

　A社は社長の下に製造部長・営業部長・総務部長が配置され，部長はそれぞれ2人の課長に指示を出している。つまり，(a)製造・営業・総務など会社の主要な職能をもとにして，部門ごとに分化した組織になっている。しかし，同一の職能部門で多くの製品を取り扱うため，業務上の混乱や停滞などが生じている。

　そこで，(b)製品別に独立した部門を設置し，それぞれの部門ごとに独立採算制を導入してマネジメントを行う組織に，その形態を再編することを考えている。

問１．下線部(a)の特徴として，次のなかから適切なものを一つ選びなさい。

　ア．一般的に部門間の人事交流が少ないので，担当する仕事の専門性は高まり，会社全体を管理する人材の育成はしやすい。

　イ．部門ごとの管理責任者の業務を明瞭に測定できるので，部門ごとの評価ができ，相互の競争を促進しやすい。

　ウ．各部門間の調整は，会社の社長が行わなければならないので，中央集権的な管理になりやすい。

問２．A社における「社長－営業部長－課長－課員」のような指示命令系統が直線的で明確な関係を何というか，次のなかから適切なものを一つ選びなさい。

　ア．並列関係　　イ．ライン関係　　ウ．スタッフ関係

問３．下線部(b)のような組織形態を何というか，次のなかから適切なものを一つ選びなさい。

　ア．機能別組織　　イ．事業部制組織　　ウ．マトリックス組織

2	問１	問２	問３

3 次の文章の空欄に入る用語を，漢字４文字で記入しなさい。 （第14回一部改題）

　企業にとって，ヒト・モノ・カネ・情報は，　　　　　　であるといわれている。その中でも，今日では情報が重視され，企業経営上必要な情報をどのように収集・処理・伝達し，管理・統制し，経営に役立てていくかを考えることが必要になっている。

3				

4 次の文章を読み，問いに答えなさい。 （第14回一部改題）

　企業とは共通目的のもとに，複数の人間が協働する組織体である。そのため目的の達成に向けて，人々を統率する管理者が必要になり，その指示のもとで，効率的な業務の運営が行われなければならない。こうした管理者による業務の運営のことをマネジメントといい，(a)計画・実行・評価・改善という一連の管理活動の繰り返しとしてとらえられることが多い。

　この管理活動の繰り返しのなかで，多くの企業は経営計画に基づく活動を合理的に行うために，管理組織と作業組織という階層上の分化や(b)ラインとスタッフという職能上の分化を行う。そして，それらの分化を統合するために，組織形態の基本となる機能別組織や(c)事業部制組織あるいは両方を組み合わせたマトリックス組織などを編成し，目標に向けた従業員の動機づけや部門間などの活動の調整を行う。

問1．下線部(a)を何というか，次のなかから適切なものを一つ選びなさい。

ア．SECIモデル　　イ．VRIO分析　　ウ．PDCAサイクル

問2．下線部(b)の関係として，次のなかから適切なものを一つ選びなさい。

ア．スタッフ部門は，ライン部門に対して技術的・専門的な助言をする権限を持ち，ライン部門の活動を制約する。

イ．スタッフ部門は，ライン部門に対して助言する権限を持ち，基本的にはライン部門を補助支援する立場で活動する。

ウ．スタッフ部門は，ライン部門に対して助言する権限を持っているが，経営規模が拡大し，経営環境が複雑になってくると，その必要性は低くなる。

問3．下線部(c)を採用することが合理的と考えられるのは一般にどのような場合か，次のなかから適切なものを一つ選びなさい。

ア．企業の規模が大きく，生産する製品の種類が少ない場合

イ．企業の規模が大きく，生産する製品の種類が多い場合

ウ．企業の規模が小さく，生産する製品の種類が少ない場合

4	問1	問2	問3

5　次の文章を読み，問いに答えなさい。

　1960年代の半ばごろから，主にリスクの分散を目的として，アメリカの大企業を中心に多角化が推進された。しかし，過度の多角化は企業に大きな負担を与えることにもなり，その後多角化した複数の事業の見直しを余儀なくされた。そうしたなかで開発されたのが，自社の商品や事業について，その市場における位置づけを分析する方法である。この方法では，グラフの縦軸に市場成長率，横軸に市場占有率をとり，複数の事業を4つに分けたマトリックスで表現する。このとき市場成長率が低く，市場占有率が高い事業を，　　　　　　　と位置づける。

問1．文中の下線部を何というか，次のなかから適切なものを一つ選びなさい。

ア．SWOT分析　　イ．PPM　　ウ．3C分析

問2．文中の　　　　　　　に入る用語として，次のなかから適切なものを一つ選びなさい。

ア．花形　　イ．問題児　　ウ．負け犬　　エ．金のなる木

5	問1	問2

6 次の文章を読み，問いに答えなさい。

　企業を取り巻く脅威を知り，業界の利益構造を明らかにするために，マイケル・ポーターは収益性や魅力度などを分析する手法として，ファイブフォース分析を提唱した。この分析手法では，業界の競争要因を(a)新規参入の脅威・売り手の交渉力・買い手の交渉力・代替品の脅威・(b)既存の同業者との競合という５つの視点で分類し，業界の特徴を探り出そうとする。これらの競争要因の力が強くなればなるほど，その市場における　　　　　　　傾向がある。

問１．下線部(a)の説明として，次のなかから適切なものを一つ選びなさい。
　ア．一般小売店が密集している地域に，大規模なチェーンストアの店舗が新規に開店することなどを指す。
　イ．携帯型のゲーム機を製造している企業にとって，ゲームのできるスマートフォンが普及することなどを指す。
　ウ．原材料のコモディティ化が進み，供給業者に対して価格交渉がしやすくなることなどを指す。

問２．下線部(b)の説明として，次のなかから適切なものを一つ選びなさい。
　ア．自社よりも規模が大きい競合他社が次々と商品開発を行い，新商品を投入してくることなどを指す。
　イ．完成品メーカーと部品メーカーの間で長期にわたる継続的な取引が行われているときに，新たに同じ部品を低価格で販売する企業が現れることなどを指す。
　ウ．独自性の高い差別化された商品を生産・販売しているので，顧客は多少販売価格が高くてもその商品を買わざるを得ないことなどを指す。

問３．文中の　　　　　　　に入る語句として，次のなかから適切なものを一つ選びなさい。
　ア．収益性は高くなる　　　　イ．安全性は高くなる　　　　ウ．収益性は低くなる

6	問1	問2	問3

7 次の文章を読み，問いに答えなさい。

　マイケル・ポーターは競争優位を獲得するための基本的な戦略として，(a)コスト・リーダーシップ戦略・(b)差別化戦略・(c)集中戦略の３つを提唱した。この３つのいずれかに特化して戦略を立案しないと，どれもが中途半端となり，事業が失敗する可能性が高くなるという考え方である。

問１．下線部(a)の説明として，次のなかから適切なものを一つ選びなさい。

ア．コスト・リーダーシップ戦略を展開する場合，多額の研究開発投資が必要になるため，売上原価率が高くなるという課題がある。

イ．コスト・リーダーシップ戦略とは，製品にさまざまな機能を付加すると同時にアフターサービスを充実させることによって，競争優位の獲得を目指す戦略である。

ウ．コスト・リーダーシップ戦略とは，生産にかかる費用を下げることで利益を増やし，商品を安く大量に販売してシェアを伸ばそうとする戦略である。

問２．下線部(b)の説明として，次のなかから適切なものを一つ選びなさい。

ア．差別化戦略とは，標準化された製品を大量生産・大量販売することでコストの削減を図る戦略である。

イ．差別化戦略とは，大量生産を行うことによって販売価格を引き下げて，安い販売価格で大量販売を行おうとする戦略である。

ウ．差別化戦略とは，企業のイメージや独自の技術，デザイン，顧客サービスなどで特徴的な商品を作りだし，自社の商品を競合他社の商品を差別化する戦略である。

問３．下線部(c)の具体例として，次のなかから適切なものを一つ選びなさい。

ア．集中戦略とは，消せるボールペンという特徴的な商品を全国的に販売している企業が採用している戦略である。

イ．集中戦略とは，リサイクル活動を徹底し，ビジネスを通じて社会的に貢献することを重視している企業が採用している戦略である。

ウ．集中戦略とは，地域に密着して店舗を展開し，さらに高級婦人服のオーダーメイドに特化している企業が採用している戦略である。

7	問1	問2	問3

8 次の文章を読み，問いに答えなさい。

　企業を構成する従業員の考え方は，企業形態や管理の方法だけでなく，(a)従業員の間で共有される価値観や行動様式によっても左右される。例えばベンチャー企業では，多くの企業が革新的なアイデアの発想を重視する一方で，安定性が欠ける価値観や行動様式がみられる。また，厳しい目標を課される企業では，信賞必罰の分化やプロセスよりも結果を重視する文化が多くみられる。

　こうした価値観や行動様式は，(b)経営上の信念や信条に左右されることも多い。

問１． 下線部(a)を何というか，次のなかから適切なものを一つ選びなさい。
　ア．企業統治　　イ．組織文化　　ウ．変換能力

問２． 下線部(b)を何というか，次のなかから適切なものを一つ選びなさい。
　ア．経営理念　　イ．経営目標　　ウ．販売目標

8	問1	問2

9 次の文章を読み，問いに答えなさい。

　(a)経営理念や事業内容などに基づいて，企業の特徴を明確に提示することによって，顧客は共通したイメージでその企業をとらえることが可能になる。多くの場合，シンボルマークやロゴデザイン，コーポレートカラーなどを統一することが多い。例えばある都市銀行の場合は，「緑色」がコーポレートカラーで，預金通帳や店舗，ウェブページの基本色などには必ずコーポレートカラーが用いられ，競合する他の都市銀行と差別化が図られている。このとき，(b)シンボルマークやロゴデザインなどについては，勝手に使用されないように，特許庁に出願して登録することが多い。

　現代ではこの手法は多くの企業がマネジメントに取り込んでおり，(c)ブランドに対する顧客の共感や信頼などを通じて，その企業の価値を高める取り組みにもつながっている。

問１． 下線部(a)のような企業の取り組みを何というか，次のなかから適切なものを一つ選びなさい。
　ア．ＡＩ　　イ．ＢＩ　　ウ．ＣＩ

問２． 下線部(b)を何というか，次のなかから適切なものを一つ選びなさい。
　ア．商標登録　　イ．特許出願　　ウ．意匠登録

問３． 下線部(c)を何というか，次のなかから適切なものを一つ選びなさい。
　ア．スクリーニング　　イ．アウトソーシング　　ウ．ブランディング

9	問1	問2	問3

10 次の文章を読み，問いに答えなさい。

　ビジネスを展開する際は，(a)経営資源を効率的に活用し，従業員が協働しながら，設定した目標を達成できるように管理することが大事になる。このとき自社の経営資源だけで目標を達成できないと見込まれる場合には，企業外部の経営資源を利用することになる。

最も簡単な方法としては，(b)企業外部に特定の業務を委託したり，生産を外注したりすることがある。ただし，巨額の資金が必要なプロジェクトに取り組む場合や販売経路を複数の企業で共有する場合などは，業務提携あるいはアライアンスといった形態がとられることがある。さらにそれにとどまらず，(c)それぞれの企業が独立しながらも相互に出資して関係を深めていくこともある。

　また，外部環境の急速な変化に対応するために，(d)相手の企業またはその企業の事業部門を丸ごと買い取ったり，複数の会社が契約によって一つの会社になったりすることもある。

問1．下線部(a)を何というか，次のなかから適切なものを一つ選びなさい。
　　ア．マネジメント　　イ．マーケティング　　ウ．イノベーション

問2．下線部(b)を何というか，次のなかから適切なものを一つ選びなさい。
　　ア．アクション・プラン　　イ．アウトソーシング　　ウ．エクイティ・ファイナンス

問3．下線部(c)を何というか，次のなかから適切なものを一つ選びなさい。
　　ア．事業再編　　イ．範囲の経済　　ウ．資本提携

問4．下線部(d)を何というか，次のなかから適切なものを一つ選びなさい。
　　ア．M＆A　　イ．販売提携　　ウ．生産提携

⑩	問1	問2	問3	問4

⑪ 次の文章を読み，問いに答えなさい。

　企業が多角化を行う場合，(a)本業に関連をもつ事業分野に多角化する場合(関連型多角化)と，(b)相互にあまり関連性がない事業分野に多角化する場合(非関連型多角化)とがある。こうした2つの多角化には，それぞれメリットとデメリットがある。なんらかの統一的な考え方に基づいて多角化を進めないと経営資源が無駄に分散してしまうことに注意しなければならない。そのため(c)どの事業分野に多角化し，どの程度の経営資源を投入するべきかを決定しておく必要がある。

問1．下線部(a)のメリットとして，次のなかから適切なものを一つ選びなさい。
　　ア．多くの事業を手がけることで企業の知名度を上げ，優秀な人材を確保できる。
　　イ．本業と関連が深いので，新たに手がけた事業とのシナジー効果(相乗効果)が期待できる。
　　ウ．多くの事業を手がけることで，経営資源を節約することができ，賃金カーブが上昇する。

問2．下線部(b)のメリットとして，次のなかから適切なものを一つ選びなさい。
　　ア．相互に関連性が低い複数の事業を手がけるので，リスクの分散を図りやすい。
　　イ．相互に関連性が低い複数の事業を手がけるので，シナジー効果が最大限に発揮できる。

ウ．相互に関連性が低い複数の事業を手がけるので，企業全体で統一的に管理しやすい。

問3．下線部(c)を何というか，次のなかから適切なものを一つ選びなさい。

ア．選択と集中　　イ．権限と責任　　ウ．規模と範囲

11	問1	問2	問3

12 次の文章を読み，問いに答えなさい。

一人ですべての作業を担当するよりも，適度に(a)作業を分割して，それぞれに専門化したほうが，効率性が高まる。このとき(b)同じ立場の人間がそれぞれ作業の性質に応じて分担する場合と，(c)作業の指示を出し管理する立場と，その指示を受ける立場に分かれる場合の2つが考えられる。

問1．下線部(a)を何というか，次のなかから適切なものを一つ選びなさい。

ア．統制　　イ．調整　　ウ．分業

問2．下線部(b)を何というか，次のなかから適切なものを一つ選びなさい。

ア．横断的組織　　イ．水平的分業　　ウ．垂直的分業

問3．下線部(c)を何というか，次のなかから適切なものを一つ選びなさい。

ア．横断的組織　　イ．水平的分業　　ウ．垂直的分業

12	問1	問2	問3

13 マトリックス組織の特徴として，次のなかから適切なものを一つ選びなさい。

ア．組織の独立性が高いため，明確に成果を把握でき，従業員の責任が重くなる。

イ．二人の上司から指示を受けるので，それぞれの内容が異なると部下が混乱する。

ウ．目標が達成された時点で組織は解散し，従業員は元の部署に戻る。

13

1 次の文章を読み，問いに答えなさい。

　わが国の企業経営の特徴を労務管理の面からみると，終身雇用，年功序列型賃金，⬚⬚⬚⬚⬚労働組合の３点があげられる。長期的な視点で人材を育成する終身雇用と年功序列型賃金を前提とするため，採用も(a)高校や大学などを卒業予定の学生を中心に，毎年一度，一括して採用する企業が多い。この制度で採用された従業員は，ほとんどが雇用期間に定めがなくフルタイム勤務を原則とする雇用であるが，企業を取り巻く経営環境の変化が激しくなってきたので，(b)雇用期間に定めのある雇用も増えてきている。

　従業員の入社後は，OJTや(c)Off-JTなどの研修を行い，一定の年数が経過するとジョブローテーションと呼ばれる配置換えによって，適性をみることが多い。

　また，従業員の勤務期間が長くなるにしたがい，給料や賃金の水準が上昇していくようになっている。これは，勤続年数が長くなるほど職務遂行能力も高まるという仮定に基づいて，(d)職務遂行能力に応じた賃金を原則としているためである。ただし，最近では成果主義や，(e)従業員それぞれが担当する仕事の中身に応じた賃金を支払うべきという考え方も広まりつつある。

問１． 文中の ⬚⬚⬚⬚⬚ に入る用語を漢字３文字で記入しなさい。

問２． 下線部(a)を何というか，次のなかから適切なものを一つ選びなさい。
　ア．能力開発目標　　イ．新卒一括採用　　ウ．雇用調整

問３． 下線部(b)を何というか，次のなかから適切なものを一つ選びなさい。
　ア．非正規雇用　　イ．正規雇用　　ウ．直接雇用

問４． 下線部(c)の説明として，次のなかから適切なものを一つ選びなさい。
　ア．日常の業務のなかで，上司や同僚の指導のもと，社内で行われる教育のこと。
　イ．日常の業務の開始前に職場全体で挨拶の練習をしたり，接客マナーの練習をしたりすること。
　ウ．日常の業務を離れて会社の計画や指示のもとに，研修所やセミナーなどで教育を受けること。

問５． 下線部(d)を何というか，次のなかから適切なものを一つ選びなさい。
　ア．職務給　　イ．出来高給　　ウ．職能給

問６． 下線部(e)を何というか，次のなかから適切なものを一つ選びなさい。
　ア．職務給　　イ．出来高給　　ウ．職能給

1	問1			問2	問3	問4	問5	問6

2 次の文章を読み，問いに答えなさい。

　企業の経営活動に参加する人々のことを人的資源という。人的資源のマネジメントにあたっては，モチベーションをなるべく高くし，能力を最大限発揮できるように配慮することが必要になる。かつては大学や高校を年度末に卒業する予定の学生を一括採用することが多かったが，最近では年齢や学校の卒業の時期，国籍，言語などにとらわれないさまざまな人材が採用されるようになっている。これに伴い，(a)多様な個性を受け入れて，新しい商品やサービスの開発につなげていく経営がますます必要とされてきている。

　一方で，新卒一括採用を行う場合，多くの企業は高校や大学に(b)募集の概要や労働条件などを記載した求人票を送付し，応募してきた学生を対象に選考する。また，優秀な人材を確保するために，(c)健康保険や厚生年金保険，労働保険といった法律で定められている社会保険制度を整えると同時に，(d)社宅の提供や娯楽施設の提供，社員旅行の一部費用負担などの充実を図る企業も多い。これは，バーナードとサイモンの組織均衡論によれば，従業員の貢献以上の 　　　　　 を与えることで，従業員の離脱を防ぐという目的が含まれている。

問１．下線部(a)のような経営を何というか，次のなかから適切なものを一つ選びなさい。
　ア．健康経営　　　イ．ダイバーシティ経営　　　ウ．日本的経営

問２．下線部(b)に記載されている項目として，次のなかから適切なものを一つ選びなさい。
　ア．企業の貸借対照表・損益計算書・製造原価報告書などが記載されている。
　イ．経営目標や経営方針，経営行動基準，経営理念などが記載されている。
　ウ．基本給や通勤手当，資格手当，昇給など賃金等に関する項目が記載されている。

問３．下線部(c)の説明として，次のなかから適切なものを一つ選びなさい。
　ア．病気やけがを負った際に，治療費を給付する社会保険制度である。
　イ．失業手当の給付や教育訓練の給付などを行う社会保険制度である。
　ウ．通勤途中や業務中の労働者が受けた損害に対して，使用者が負う責任を担保する社会保険制度である。

問４．下線部(d)のような福利厚生を何というか，漢字５文字で正しい用語を記入しなさい。

問５．文中の 　　　　　 に入る語句として，次のなかから適切なものを一つ選びなさい。
　ア．欲求　　　イ．タスク　　　ウ．誘因

2	問1	問2	問3	問4	問5

3 次の文章を読み，問いに答えなさい。 （第10回一部改題）

　人的資源におけるマネジメントを最初に理論化・体系化したのは，F.W.テイラーとされている。テイラーは，(a)標準的な作業量（タスク）を算定し，工場労働者の作業量を科学的・客観的に管理しようとした。この手法を導入したフォード社は，ベルトコンベアによる自動車の大量生産方式の導入に成功した。しかし，この考え方のなかには，金銭的な報酬以外の人間の要素が抜け落ちていた。そこで，次に着目されたのが，メイヨーとレスリスバーガーによる(b)アメリカのウエスタン・エレクトリック社の工場において，さまざまな作業条件が作業能率にどのような影響を及ぼすのかを解明しようとした実験である。この実験の結論は，人は金銭的な欲求以上に，職場の人間関係や仕事に対する思いといった感情的な部分に左右されるというものだった。

問1． 下線部(a)を何というか，漢字3文字を補って正しい用語を完成させなさい。

問2． 下線部(b)を何というか，カタカナ4文字を補って正しい用語を完成させなさい。

3	問1			問2			
			管理法				実験

4 次の文章を読み，問いに答えなさい。 （第2回一部改題）

　予測（計画）・組織化・命令・調整・統制といった管理活動をどれだけ熱心に行っても，従業員にモチベーションがなければ意味がない。心理学者のマズローは，人間の欲求階層を(a)生理的欲求・安全欲求・社会的欲求・尊厳欲求・(b)自己実現欲求の5つに分けた。

問1． 下線部(a)の説明として，次のなかから適切なものを一つ選びなさい。
　ア．生活の見通しをつけるために職場の安定を確保したいといった欲求である。
　イ．職場の同僚や上司などと良好な人間関係を構築したいといった欲求である。
　ウ．生存のために，衣・食・住を確保したいという欲求である。

問2． 下線部(b)の説明として，次のなかから適切なものを一つ選びなさい。
　ア．同僚から自分を認められ，高く評価されたいといった欲求である。
　イ．少なくとも最低賃金法に定める最低賃金は確保したいという欲求である。
　ウ．創造性や自発性が認められ，自分の能力を最大限に発揮したいという欲求である。

4	問1	問2

次の文章を読み，問いに答えなさい。　　　　　　　　　　　　（第11回一部改題）

　　わが国の中堅精密機械メーカーであるＦ社に勤める営業部第一課の田中課長は，１月末の段階で売上高の実績値が(a)予算に対して5,000万円不足していることが明らかになり，予算達成を実現するための方策を実行することにした。

　　一つ目の案は，田中課長が部下10人に，２月と３月の売上高予算に対して，一律均等に不足分を上乗せし，この達成を義務づける方法である。

　　二つ目の案は，(b)田中課長が自分の考えも示しながら，部下10人に対して現状を理解してもらい，部下同士の話し合いによって自主的に解決案を提出させ，達成を促す方法である。

　　最終的に田中課長は，部長の承認も得て，二つ目の方法を採用することにした。さらに，(c)部下を支えるために，営業報告書の作成の手伝いや，顧客への挨拶に同行するなどして，目標を達成しようとした。

問１．下線部(a)の説明として，次のなかから適切なものを一つ選びなさい。

　ア．目標利益を達成するために利益計画を立案し，利益計画を実現化するために用いられるのが予算である。ただし，予算では企業の財務的資源を総合的に管理することはできない。

　イ．予算とは，翌期の計画を金額で表示して，企業全体で編成したものであり，目標売上高や製造原価のほかに，資金計画などが盛り込まれている。

　ウ．予算には計画機能や部門間の利害を調整する調整機能があるが，予算と実績を比較して是正活動を行う統制機能はない。

問２．下線部(b)のように部下を意思決定に参加させ，組織の目標に対して積極的に取り組ませようとするリーダーシップを何というか，次のなかから適切なものを一つ選びなさい。

　ア．民主的リーダーシップ　　　イ．専制的リーダーシップ　　　ウ．自由放任的リーダーシップ

問３．下線部(c)のようなリーダーシップの説明として，次のなかから適切なものを一つ選びなさい。

　ア．課長としての業務を部下と分担しているので，シェアド・リーダーシップの具体的な表れといえる。

　イ．販売環境の変化とともに営業体制の変革に取り組んでいるので，変革型リーダーシップの表れといえる。

　ウ．部下に奉仕しつつ，目標達成に向けて部下を導いているので，サーバント・リーダーシップの表れといえる。

5	問1	問2	問3

6 次の文章を読み，問いに答えなさい。

　生産活動におけるマネジメントでは，(a)仕様書どおりの品質を維持しつつ，無駄を排除してコストを削減し，納品日を厳守することが大事になる。そこで，適切なマネジメントを行うために，さまざまな手法が用いられている。

　例えば(b)原材料や部品の管理をその調達から製品の生産・流通・販売まで一つの流れとして管理し，全体最適を目指す管理方法がある。これにより部品の調達から製品の販売に至るまでの全体の在庫を減少させるとともに，製品・仕掛品・原材料・部品の移動を迅速かつ正確に行うことができる。

　また，自動車メーカーのＴ社では，(c)必要なものを，必要な時に必要な量だけ供給する仕組みを開発し，その実現のために「かんばん方式」を導入している。この仕組みによって，Ｔ社は業務の無駄を削減し，より低コストで自動車を生産できるようになった。

　多くの企業でもこうした方法を採用して，在庫や費用の削減や，効率性の高い生産活動に取り組んでいる。

問１．下線部(a)の生産の３条件を何というか，次のなかから適切なものを一つ選びなさい。
　　ア．３Ｍ　　イ．QCD　　ウ．IoT

問２．下線部(b)のマネジメントを何というか，次のなかから適切なものを一つ選びなさい。
　　ア．TLO　　イ．PDC　　ウ．SCM

問３．下線部(b)を支えている仕組みとして，次のなかから適切なものを一つ選びなさい。
　　ア．原材料や部品の調達から製品の販売までを全体として管理するために，それぞれの工程のデータをリアルタイムでやりとりする情報通信技術がある。
　　イ．原材料や部品の調達から製品の販売までを全体として管理するために，カウンセリングなどのメンタルヘルス対策がある。
　　ウ．原材料や部品の調達から製品の販売までを全体として管理するために，業務提携や資本提携がある。

問４．下線部(c)を何というか，次のなかから適切なものを一つ選びなさい。
　　ア．セル生産方式　　イ．ジャスト・イン・タイム　　ウ．フォード・システム

6	問1	問2	問3	問4

7 次の文章を読み，問いに答えなさい。

　商品を生産した後は，商品の販売活動に取り組むことになる。商品が市場に流れる経路のことを
チャネルといい，第二次世界大戦後の多くの製造業は，(a)卸売業者や小売業者と長期的に安定した
取引関係を築いていた。しかし，現在では商品の特性などに応じてさまざまなチャネル政策を展開
するようになってきている。

　例えば日用品など差別化が難しい商品については，(b)できる限り商品を多くの卸売業者や小売業
者に取り扱ってもらえるような政策が採用されている。また，家庭用電気製品や化粧品などブラン
ドイメージが大切になる商品については，(c)一定の基準を設けて，その基準を満たした卸売業者や
小売業者にのみ取り扱いを許可する政策が採用されている。さらに高級なイメージを大切にする高
級ブランド品などでは，(d)特定の地域や市場において自社の商品を専門に扱う代理店などにしか商
品の取り扱いを許可しない政策が採用されている。

問1．下線部(a)を何というか，漢字2文字を補って正しい用語を完成させなさい。

問2．下線部(b)のような政策を何というか，次のなかから適切なものを一つ選びなさい。
　ア．排他的チャネル政策　　　イ．選択的チャネル政策　　　ウ．開放的チャネル政策

問3．下線部(c)のような政策を何というか，次のなかから適切なものを一つ選びなさい。
　ア．排他的チャネル政策　　　イ．選択的チャネル政策　　　ウ．開放的チャネル政策

問4．下線部(d)のような政策を何というか，次のなかから適切なものを一つ選びなさい。
　ア．排他的チャネル政策　　　イ．選択的チャネル政策　　　ウ．開放的チャネル政策

7	問1			問2	問3	問4
			取引			

8 次の文章を読み，問いに答えなさい。

　アンゾフは,既存の市場か新しい市場か，あるいは新しい商品か既存の商品かで企業が成長する
方向性を4つの戦略に区分した。これを図に示すと，次のようになる。

商　品

		既存	新規
市場	既存	**市場浸透（戦略）** 既存商品×既存市場	**新商品開発（戦略）** 新商品×既存市場
	新規	**新市場開拓（戦略）** 既存商品×新規市場	**多角化（戦略）** 新商品×新規市場

例えば日本でのみ化粧品を販売していた企業が，中国や東南アジアなどでも化粧品を販売するようになる戦略は，　①　に該当する。また，情報通信産業の企業が金融業に進出したり，損害保険会社が福祉介護事業に進出したりする戦略は，　②　に該当する。

また，食品加工を営む企業が有名なラーメン店と共同開発したインスタントラーメンやカップ麺をコンビニエンスストアに限定して販売する戦略は，　③　に該当する。

一方，さまざまなキャンペーンを展開している清涼飲料水の製造業者のように，顧客のリピート購買を促進する戦略は，　④　に該当する。

問1．文中の　①　に入る語句として，次のなかから適切なものを一つ選びなさい。

　ア．市場浸透（戦略）　　イ．新商品開発（戦略）　　ウ．新市場開拓（戦略）　　エ．多角化（戦略）

問2．文中の　②　に入る語句として，次のなかから適切なものを一つ選びなさい。

　ア．市場浸透（戦略）　　イ．新商品開発（戦略）　　ウ．新市場開拓（戦略）　　エ．多角化（戦略）

問3．文中の　③　に入る語句として，次のなかから適切なものを一つ選びなさい。

　ア．市場浸透（戦略）　　イ．新商品開発（戦略）　　ウ．新市場開拓（戦略）　　エ．多角化（戦略）

問4．文中の　④　に入る語句として，次のなかから適切なものを一つ選びなさい。

　ア．市場浸透（戦略）　　イ．新商品開発（戦略）　　ウ．新市場開拓（戦略）　　エ．多角化（戦略）

8	問1	問2	問3	問4

9 次の文章を読み，問いに答えなさい。 （第5回一部改題）

資金調達には(a)自己資本による場合と　①　資本による場合がある。第二次世界大戦直後の廃墟から出発した多くの企業にとっては，資金調達の大部分を　①　資本に頼らざるをえなかった。しかし，高度経済成長期を経て，企業の規模が拡大し，経済が安定化してくると自己資本比率の充実や(b)自己資本利益率に注目が集まるようになってきている。この自己資本利益率については，一般的に10％を超えていれば　②　は優良と判断される。

問1．文中の　①　に，下線部(a)と対応する適切な語を漢字2文字で記入しなさい。

問2．下線部(b)を求める式として，次のなかから適切なものを一つ選びなさい。

　ア．$\dfrac{固定資産}{自己資本} \times 100\%$　　イ．$\dfrac{自己資本}{総資本} \times 100\%$　　ウ．$\dfrac{当期純利益}{自己資本} \times 100\%$

問3．文中の　②　に入る用語として，次のなかから適切なものを一つ選びなさい。

　　ア．収益性　　イ．成長性　　ウ．安全性

⑨	問1		問2	問3

⑩　次の文章を読み，問いに答えなさい。

　金融商品を購入することで，利息を受け取ったり，リスクを軽減できたりすることがある。利子率はあまり高くはないが普通預金口座や定期預金口座を利用している家計や，小切手や約束手形などの支払いのために当座預金口座を利用している企業は多い。また，金融商品のリスクを軽減したり，一定のリスクのもとに高い収益を追求したりする(a)先物取引や(b)オプション取引などの金融商品もある。

問1．下線部(a)の説明として，次のなかから適切なものを一つ選びなさい。

　　ア．投資家から集めた資金を専門家がまとめて運用し，その成果を投資家に分配する金融商品である。

　　イ．満期まで保有していれば，一定の利回りが保証されている国債のような金融商品である。

　　ウ．将来に売買を行うことをあらかじめ約束する取引のことで，デリバティブの一種である。

問2．下線部(b)の説明として，次のなかから適切なものを一つ選びなさい。

　　ア．将来的に変動金利で受け取る利息と将来的に固定金利で受け取る利息を，現時点で交換する取引のことである。

　　イ．特定の期日に，あらかじめ決めた価格で売る権利または買う権利を売買する取引である。売る権利を購入した場合，状況によってはその権利を行使しないこともできる。

　　ウ．自由に預け入れと引き出しができる預金で，きわめて流動性が高いうえ，預金保険機構による保証制度もあるので，リスクが低い。

⑩	問1	問2

11 間接金融の説明として，次のなかから適切なものを一つ選びなさい。（第9回一部改題）

　　ア．社債を発行して資金調達すること

　　イ．株式を発行して資金調達すること

　　ウ．金融機関からの借入金で資金調達すること

　11 ☐

12 次の文章を読み，問いに答えなさい。

　現在は情報化社会といわれており，情報的資源のマネジメントが重要になってきている。例えば企業が提供する商品やサービスには，さまざまなノウハウや技術がこめられており，企業のブランドは企業価値に大きな影響を与えている。また企業に対する信用は，金融機関から借り入れる資金の契約利率にも影響を与えることがある。こうした情報的資源のうち，ノウハウや技術，デザインなどは(a)特許権・実用新案権・意匠権・商標権として，法律で保護して管理することが多い。

　また，将来的に企業に利益をもたらすブランドや信用，顧客データベースなども重要な情報的資源であり，(b)人工知能(AI)やIoTといった技術も併用しながら，その活用方法を長期的に計画しておくことが重要である。

問1．下線部(a)を総称して何というか，次のなかから適切なものを一つ選びなさい。

　　ア．産業財産権　　　イ．著作権　　　ウ．損害賠償請求権

問2．下線部(b)の説明として，次のなかから適切なものを一つ選びなさい。

　　ア．運転手の代わりに，システムが自動車を運転する技術を指す。運転手をサポートする程度の技術から，完全な自動運転まで5段階にレベル分けされている。

　　イ．学習や推論，認識といった人間の知的活動をコンピュータで実現する技術やシステムの総称である。

　　ウ．機械装置や家庭用電気製品などあらゆるものをインターネットで接続して，生活を快適にしたり生産活動を効率化したりすることなどを指す。

12

問1	問2

13 次の文章を読み，問いに答えなさい。

　多くの企業では，顧客の購買履歴などのデータをマーケティングに活用して，売上高を伸ばすことにつなげようとしている。また，最近ではSNSを利用して(a)企業と顧客の間でメッセージのやりとりを行い，顧客の意見を商品開発などに活用することもある。

　一方，(b)買い主である顧客は，売り主の企業に比べて商品やサービスに関する詳細な情報をもっていない。そこで，企業は顧客のニーズを把握して，あらかじめウェブサイトなどで商品やサービスについて情報開示を行うことで，こうした状態をある程度解消しておく必要がある。

問1．下線部(a)を何というか，次のなかから適切なものを一つ選びなさい。
　　ア．プロモーション　　　イ．コミュニケーション　　　ウ．イノベーション

問2．下線部(b)のような状態を何というか，次のなかから適切なものを一つ選びなさい。
　　ア．情報の対称性　　　イ．情報の非対称性　　　ウ．情報資源管理

13	問1	問2

企業の秩序と責任

1 次の文章を読み，問いに答えなさい。

　企業は(a)株主や債権者，従業員以外に，顧客や行政機関，地域社会などとも密接な関係をもっている。そのため，(b)企業は社会全体に対してもさまざまな責任を負うと同時に，株主や債権者，従業員などにそれぞれ対応する責任を負う。その具体的な表れが企業の情報開示（ディスクロージャー）や(c)適正な経営や事業運営を行うための企業の経営を律する仕組みである。この例として，(d)社外取締役の導入や監査役による取締役の職務執行の監査などがある。また，(e)株主総会も企業を律する仕組みの一つである。こうした仕組みがうまく働いていないと，粉飾決算や不正な会計処理など，さまざまな不祥事が発生する要因になってしまう。

問1．下線部(a)のような関係者を何というか，次のなかから適切なものを一つ選びなさい。
　　ア．マネージャー　　　イ．ステークホルダー　　　ウ．アントレプレナー

問2．下線部(b)を何というか，次のなかから適切なものを一つ選びなさい。
　　ア．CSR　　　イ．QCD　　　ウ．EPA

問3．下線部(c)を何というか，次のなかから適切なものを一つ選びなさい。
　　ア．コーポレート・ガバナンス　　　イ．マーケティング・イノベーション　　　ウ．内部通報制度

問4．下線部(d)の説明として，次のなかから適切なものを一つ選びなさい。

ア．原則として企業外部出身の取締役だが，親会社または子会社の取締役が就任してもよい。新規に事業を開始する際のアドバイスなどに大きな役割を果たすことが期待されている。

イ．企業外部出身の取締役のことで，財務報告の適正性や法令遵守などに大きな役割を果たすことが期待されている。

ウ．金融機関から出向してきた取締役のことで，資金の運用や財務基盤の堅実さを維持するのに大きな役割を果たすことが期待されている。

問5．下線部(e)の説明として，次のなかから適切なものを一つ選びなさい。

ア．具体的な経営に関する意思決定を行うので，企業の経営を律しているといえる。

イ．行政処分の内容を決定することによって，企業の経営を律しているといえる。

ウ．取締役の選任や解任などを行うことで，企業の経営を律しているといえる。

①	問1	問2	問3	問4	問5

2　次の文章を読み，問いに答えなさい。

企業の社会的責任とは，さまざまな利害関係者の要請に積極的に対応しながら事業活動を行い，企業の持続的な発展や社会の持続的発展に貢献することである。こうした社会的責任の遂行の前提として，(a)法律や条例，命令などを守ることが大切になる。同時に，利害関係者からさまざまな支援を受けている以上，それに対して(b)説明を尽くす責任があると考えられている。例えば株式会社は株主から資金の提供を受けているが，資金の使途や企業活動の方針・内容・結果などに対して丁寧に説明をしなければならない。こうした社会的責任を遂行することによって，企業が生み出す商品やサービスも社会に受け入れられることになる。

問1．下線部(a)を何というか，次のなかから適切なものを一つ選びなさい。

ア．インセンティブ　　イ．ファイナンス　　ウ．コンプライアンス

問2．下線部(b)を何というか，次のなかから適切なものを一つ選びなさい。

ア．インカムゲイン　　イ．アカウンタビリティ　　ウ．アイデンティティ

②	問1	問2

3 次の文章を読み，問いに答えなさい。

　企業を取り巻く環境の変化が激しい時代，(a)<u>経営を行ううえで発生するさまざまなリスクによる</u>
<u>損失を，最小の費用でくい止めるマネジメント</u>が必要になる。このとき，特に大規模災害などで事
業が停止したり復旧が遅れたりするリスクにも対応していく必要がある。現在は，(b)<u>原材料や部品</u>
<u>の生産から製品の製造や流通，販売に至るまでの一つの流れ</u>が形成されており，大規模災害時にど
こかの企業の事業が停止すると，製品の流通や販売の再開が遅れてしまうことにもなる。そこで，
あらかじめ(c)<u>事業の継続や早期復旧について定めた計画</u>を立案する企業が増えてきている。

問1．下線部(a)を何というか，次のなかから適切なものを一つ選びなさい。
　ア．品質マネジメント　　イ．情報セキュリティマネジメント　　ウ．リスク・マネジメント

問2．下線部(b)を何というか，次のなかから適切なものを一つ選びなさい。
　ア．イノベーション　　イ．サプライチェーン　　ウ．フォロワーシップ

問3．下線部(c)を何というか，次のなかから適切なものを一つ選びなさい。
　ア．BCP　　イ．OJT　　ウ．ICT

3

問1	問2	問3

1 次の文章を読み，問いに答えなさい。

　新たにビジネスを開始することを起業といい，その際には(a)事業の内容や経営理念，資金調達の方法などを記載した計画書を作成する。この計画書を基に金融機関や投資家などから資金を調達することが多い。このとき重要になるのは，(b)継続的に収益を獲得するビジネスの仕組みである。このビジネスの仕組みには，(c)広告料で収益を継続的に獲得するものや(d)基本的な商品やサービスは無料で提供し，付属品や追加的な機能については有料とするものなどがある。また，最近ではAmazonやUber Eatsなどのように，(e)取引を行う場を提供し，その場を利用する対価で収益を獲得する仕組みも注目されている。

問1．下線部(a)を何というか，次のなかから適切なものを一つ選びなさい。
　ア．事業継続計画　　イ．事業計画書　　ウ．予算

問2．下線部(b)を何というか，次のなかから適切なものを一つ選びなさい。
　ア．ビジネスアイデア　　イ．ビジネス・マネジメント　　ウ．ビジネスモデル

問3．下線部(c)の説明として，次のなかから適切なものを一つ選びなさい。
　ア．広告を掲載または放送するなどして，顧客からではなく広告を発注した企業や人から対価を得て収益を上げる仕組みである。
　イ．一定の対価を支払えば，継続的に動画の配信サービスや音楽の配信サービスを享受できるようにして，収益を得る仕組みである。
　ウ．特許権や実用新案権などのライセンスを取得し，その使用の対価を得ることで収益を上げる仕組みである。

問4．下線部(d)を何というか，次のなかから適切なものを一つ選びなさい。
　ア．サブスクリプション　　イ．ライセンスモデル　　ウ．フリーミアム

問5．下線部(e)を何というか，次のなかから適切なものを一つ選びなさい。
　ア．プラットフォームビジネス　　イ．エコビジネス　　ウ．ソーシャルビジネス

1	問1	問2	問3	問4	問5

2 次の文章を読み，問いに答えなさい。

　創業したばかりの小規模な企業には個人商店が多いが，ある程度規模が拡大して，取引が増えてくると会社を設立することが多い。わが国には約260万の会社があるが，そのなかで最も多いのが株式会社である。

　発起人のみで株式会社を設立する場合，その事業目的や(a)会社の名前，資本金の額などを決定した後に，(b)会社の基本原則を作成して，公証人の認証を受ける。そして本店所在地の登記所で(c)登記が完了した時点で，株式会社が設立されたことになる。

問1．下線部(a)を何というか，次のなかから適切なものを一つ選びなさい。
　ア．ネーミング　　イ．商号　　ウ．コンセプト

問2．下線部(b)を何というか，次のなかから適切なものを一つ選びなさい。
　ア．定款　　イ．経営理念　　ウ．就業規則

問3．下線部(c)を何というか，次のなかから適切なものを一つ選びなさい。
　ア．移転登記　　ウ．保存登記　　ウ．設立登記

2	問1	問2	問3

3 次の文章を読み，問いに答えなさい。

　特定のプロジェクトに取り組むために，さまざまな部署から人材を選抜して，チームや組織を編成することがある。こうしたチームや組織を率いる人のことを _____ といい，業務の系統化や業務（タスク）の割り振り，日程の管理などを行う。

問１．文中の下線部の説明として，次のなかから適切なものを一つ選びなさい。
　ア．こうしたチームや組織のことをカンパニー制組織といい，明確に業績を評価できるというメリットがある。
　イ．こうしたチームや組織のことをマトリックス組織といい，二人の上司から異なる指示を受ける場合があることがデメリットである。
　ウ．こうしたチームや組織のことをプロジェクト組織といい，プロジェクトが完了すると構成していたメンバーは元の部署に戻ることになる。

問２．文中の _____ に入る用語として，次のなかから適切なものを一つ選びなさい。
　ア．ブランド・マネージャー　　イ．プロジェクト・マネージャー　　ウ．リスク・マネージャー

3	問1	問2

受験番号

第1回
商業経済検定試験問題
〔ビジネス・マネジメント〕

解答上の注意

1．この問題のページはp.90からp.102までです。

2．解答はすべて別紙解答用紙(p.145)に記入しなさい。

3．問題用紙の表紙に受験番号を記入しなさい。

4．文字または数字で記入するもの以外はすべて記号で答えなさい。

5．計算用具などの持ち込みはできません。

6．制限時間は50分です。

1 次の文章を読み，問いに答えなさい。

　株式会社の始まりは，1602年にオランダで設立された東インド会社だとされている。17世紀の企業であるが，株主の有限責任や多数の均一の株式の発行による資金調達など，現代の株式会社にも通じる特徴がみられる。株式の発行によって調達した資金は，□□□□□□と呼ばれる。

問1． 文中の下線部の説明として，次のなかから適切なものを一つ選びなさい。

　ア．企業が倒産した場合に，出資額を限度として責任を負うことである。
　イ．企業が倒産した場合に，私財を投げ出して責任を負うことである。
　ウ．企業が倒産した場合に，企業における職位に応じて責任を負うことである。

問2． 文中の□□□□□□に入る用語として，次のなかから適切なものを一つ選びなさい。

　ア．他人資本　　イ．自己資本　　ウ．総資本

2 次の文章を読み，問いに答えなさい。

　企業は複数の人間によって構成され，共通目標を達成するために協働している。(a)このとき従業員それぞれが担当する業務は，企業の規模が拡大するにつれて，分担されて専門化することが通常である。組織形態を編成する際は，(b)同じ立場で，作業の性質に応じて区分されていく場合と(c)指示や命令を出す人と受ける人のように区分されていく場合がある。

　このとき指示や命令を出す人を管理者といい，管理者の統制の範囲を適正にしなければならないといった原則や，権限と□□□□□□が一致しなければならないといった原則を満たすように，企業の階層が決定されていくことになる。

問1． 下線部(a)を何というか，漢字2文字で正しい用語を記入しなさい。

問2． 下線部(b)と下線部(c)を表す用語の組み合わせとして，次のなかから適切なものを一つ選びなさい。

　ア．(b)垂直的分化・(c)水平的分化　　イ．(b)階層分化・(c)垂直的分化
　ウ．(b)水平的分化・(c)垂直的分化

問3． 文中の□□□□□□に入る用語として，次のなかから適切なものを一つ選びなさい。

　ア．責任　　イ．支援　　ウ．権力

3 次の文章を読み，問いに答えなさい。

　わが国の多くの企業にみられる年功序列型賃金制度や終身雇用といった制度は，(a)稟議制度などとともに，日本的経営の特徴とされている。こうした制度は，とりわけ高度経済成長期に適合し，企業の生産性を向上させた。しかし，バブル経済の崩壊以後，長期にわたる不況のなかで企業は短期的に成果を出すことが求められるようになり，(b)仕事の成果に応じて賃金水準や昇進が決定される制度が導入されたり，(c)非正規雇用が増加したりするようになった。

問1．下線部(a)の説明として，次のなかから適切なものを一つ選びなさい。

　ア．組織の最高管理者が発案した提案や意見などを，組織の中間管理者や現場管理者が受け入れて，最終的に全社的に実行に至る意思決定の方法である。

　イ．組織の下位で発案された提案や意見などが，段階的に上位の管理者にまわり，関係者全員の会議などを通して，最終的に最高管理者が決定し，実行に至る意思決定の方法である。

　ウ．組織の下位で発案された提案や意見などを，その管理者が自己の責任で実行しながら，同時に最高管理者の承認を得ようとする意思決定の方法である。

問2．下線部(b)の制度を何というか，次のなかから適切なものを一つ選びなさい。

　ア．雇用調整　　イ．専門職制度　　ウ．成果主義

問3．下線部(c)の説明として，次のなかから適切なものを一つ選びなさい。

　ア．雇用期間の定めがなく，フルタイムで勤務する雇用形態である。

　イ．雇用期間の定めはないが，職種や勤務地が限定された雇用形態である。

　ウ．雇用期間に定めがあるパートタイマーやアルバイトなどのことである。

4 次の文章を読み，問いに答えなさい。

　現在はヒト・モノ・カネ・情報といった経営資源の移動が活発になり，まるで国境がないかのようにビジネスが展開されている。国と国との間にも自由貿易協定や経済連携協定が締結され，一つの企業内にさまざまな人種や国籍，価値感などをもつ人が協働するようになっている。それに伴い，そうした多様な人々を統率する　　　　　　経営が必要とされている。

問1．文中の下線部のような状態を何というか，次のなかから適切なものを一つ選びなさい。

　ア．フェアトレード　　イ．ボーダーレス　　ウ．リコメンド

問2．文中の　　　　　　に入る用語として，次のなかから適切なものを一つ選びなさい。

　ア．ダイバーシティ　　イ．環境　　ウ．健康

5 次の文章を読み，問いに答えなさい。

　企業の事業展開において，資金調達の方法は重要な課題になる。わが国では，金融機関からの借り入れを重視し，(a)メインバンク制度と呼ばれる制度がとられていた。現在でもこの制度は残存しているが，経営活動によって得た利益を内部留保する企業や，(b)株式や社債の発行による資金調達を行う企業も増えてきている。こうした資金調達の方法の変化によって，(c)自己資本比率が上昇するほか，業績評価の指標として(d)自己資本利益率なども重視されるようになっている。

問1．下線部(a)の説明として，次のなかから適切なものを一つ選びなさい。
　ア．複数の銀行と平等に取引を行い，安定的な関係を構築すること。
　イ．特定の銀行と重点的に取引を行い，経営危機の場合のみ政府系金融機関を頼ること。
　ウ．特定の主力取引銀行と重点的に取引を行い，安定的な関係を構築すること。

問2．下線部(b)を何というか，次のなかから適切なものを一つ選びなさい。
　ア．直接金融　　　イ．間接金融　　　ウ．国際金融

問3．下線部(c)を求める式として，次のなかから適切なものを一つ選びなさい。
　ア．$\dfrac{当期純利益}{自己資本} \times 100\%$　　　イ．$\dfrac{自己資本}{総資本} \times 100\%$　　　ウ．$\dfrac{固定資産}{自己資本} \times 100\%$

問4．下線部(d)の説明として，次のなかから適切なものを一つ選びなさい。
　ア．ROAとも呼ばれ，分子の利益には営業利益に金融収益を加算した事業利益が用いられる。
　イ．企業の安全性を測定する指標で，200%を超えているのが理想的とされている。
　ウ．ROEとも呼ばれ，株主から調達した資金をどれだけ活用したのかを表している。

6 次の文章を読み，問いに答えなさい。

　生活用品メーカーのK社とL社では，資源循環型社会の実現に向けて，2020（令和2）年9月から協働して洗剤やシャンプーなどのつめかえ容器のリサイクルに取り組んでいる。その成果として，2023（令和5）年5月に，原材料の一部に再生原料を使用したつめかえ容器を販売した。

問1．こうした両社の協働を何というか，次のなかから適切なものを一つ選びなさい。
　ア．資本提携　　　イ．合併　　　ウ．業務提携

問2．本文の主旨から，両社の協働の目的として，次のなかから適切なものを一つ選びなさい。
　ア．社会貢献活動や環境問題への取り組みで，競合他社に抜け駆けをさせないため。
　イ．経営資源を相互に利用することによって，リサイクルへの取り組みを加速化するため。
　ウ．環境省から行政指導があり，やむをえず協働せざるを得なかったため。

7 次の文章を読み，問いに答えなさい。

　企業の経営にはさまざまな人や組織が関係することになる。具体的には，(a)出資者，債権者，仕入先や得意先，従業員，消費者，国や地方公共団体などである。企業はこうした人々や組織に対して，(b)社会的に望ましい行動をとり，社会を構成する一員としての役割を果たす責任がある。社会的な価値を提供し，経済的な利益を追求するのと同時に，(c)企業市民としての責任を果たすこともこの責任には含まれている。

　こうした考え方は法令などによって強制されるものではない。しかし，(d)事業を展開するうえで，従業員や経営者の意思決定の根幹となる最も重要な考え方として，企業のマネジメントを行っていく必要がある。

問1．下線部(a)を何というか，次のなかから適切なものを一つ選びなさい。
　　ア．ステークホルダー　　イ．インフルエンサー　　ウ．ブランドマネジャー

問2．下線部(b)を何というか，次のなかから適切なものを一つ選びなさい。
　　ア．RPA　　イ．QCD　　ウ．CSR

問3．下線部(c)の説明として，次のなかから適切なものを一つ選びなさい。
　　ア．企業が国政や地方自治に積極的に参加することによって，一般の市民と同様の権利や義務を認められるという考え方のことをいう。
　　イ．企業が多額の法人税や住民税を納付するほど，一般の市民と同じような存在として認められることをいう。
　　ウ．とりわけ地域社会において，企業は利益を追求する以前に，地域における良き市民であるべきという考え方のことをいう。

問4．下線部(d)を何というか，次のなかから適切なものを一つ選びなさい。
　　ア．法令遵守　　イ．企業倫理　　ウ．共通価値

8 次の文章を読み，問いに答えなさい。

　企業における人的資源には，モチベーションという他の資源にはない要因が関係してくる。したがって，財務的資源や物的資源とは異なり，モチベーションをいかに高めていくのかがマネジメントの課題になる。

　19世紀後半から20世紀にかけて，フレデリック・テイラーは，(a)熟練した作業者の作業量を科学的，客観的に測定し，それを基にして標準的な作業量を決定して生産性を向上させようとした。この考え方をフォード社が参考にして，機械部品の規格化やベルトコンベアによる移動組立法を導入し，フォード・システムという大量生産方式を確立した。しかし，こうした管理方法では人間がもつ感情的な側面を無視しているとして，現在ではさまざまなモチベーションの向上を図る施策が用いられている。

　例えば昇給や昇進といった「外発的動機づけ」と人間の内面から発生する興味や関心といった「内発的動機づけ」とでは，内発的動機づけのほうがモチベーションを長期にわたって持続させ，仕事に対する満足感を生み出すとされている。そのため従業員の興味や関心，意欲がわきあがるような業務を企業が従業員に与えることが重要となり，(b)自己申告制などを導入する企業が増えている。

問１．下線部(a)を何というか，漢字３文字を補って正しい用語を完成させなさい。

問２．下線部(b)の説明として，次のなかから適切なものを一つ選びなさい。

　ア．従業員の不平や不満などを解決するために，専門的な知識と経験をもつ相談員を配置して，それぞれの従業員の相談に応じることを指す。

　イ．上司が部下の勤務態度や実績を評価して，人事部などに報告して昇給や昇格，適正配置などの資料にすることを指す。

　ウ．従業員が担当職務の遂行の状況や勤務態度などを自己評価して，自分の適性や希望する職務などを上司や人事部などに申告することを指す。

9 次の文章を読み，問いに答えなさい。

　企業内部の経営資源だけで，環境の変化や事業機会の把握に対応できる場合もあるが，多くの企業では必要に応じて企業外部の経営資源を活用している。例えば，(a)給与計算を外部の企業に委託している企業や，自動車やフォークリフトなどを保有せず，物流業務自体を外部の企業に委託している企業などもある。

　また，自社だけでなく他の企業や研究機関と協働して研究開発活動に取り組むことで，(b)経営資源の新たな組み合わせを行い，既存の概念にとらわれない革新的な商品やサービスに結びつけていくこともある。

問1． 下線部(a)を何というか，次のなかから適切なものを一つ選びなさい。
　　ア．アウトソーシング　　イ．マテリアルフローコスト　　ウ．アクション・プラン

問2． 下線部(b)を何というか，次のなかから適切なものを一つ選びなさい。
　　ア．コミットメント　　イ．フリーエージェント　　ウ．イノベーション

10 次の文章を読み，問いに答えなさい。

　企業が環境の変化に対応しながら成長していくためには，自社を取り巻く外部環境の機会と脅威を的確に把握し，自社の内部環境の長所や短所を強みや弱みとして認識しておくことが大切になる。こうした機会・脅威・強み・弱みの4つの視点を軸として，事業評価や現状分析を行い，目標達成のための戦略を練るフレームワークを　　　　　　　という。

問1． 文中の　　　　　　　に入る用語として，次のなかから適切なものを一つ選びなさい。
　　ア．QCサークル　　イ．SECIモデル　　ウ．SWOT分析

問2． 文中の下線部の視点で分析を行う際の説明として，次のなかから適切なものを一つ選びなさい。
　　ア．ある企業にとって機会となる環境の変化は，同じ業界の競合他社にとってもまったく同じレベルで機会となる。
　　イ．ある企業にとって弱みとなった内部の経営資源については，改善は不可能なので，ただちに売却するか事業から撤退しなければならない。
　　ウ．消費者のニーズの変化や技術革新といった外部環境は，既存の企業にとっては脅威になることもあるが，新規参入を検討している企業には機会となることもある。

11 次の文章を読み，問いに答えなさい。

　ある商品が市場で受け入れられて売上高を計上することができても，次第にその商品の売上高が低下していくことがある。そこで，企業は新たなビジネスの機会をとらえ，継続して成長していかなければならない。このとき，市場と商品という2つの視点から成長戦略を分析し，新規の市場で新たな商品を売り出すことを多角化（戦略）という。多角化する際は，(a)既存の商品や市場，企業内部の経営資源と関連性が高い分野へ多角化する戦略と，直接的な関連性が低い分野へ多角化する戦略に分類することができる。

　多角化が進んでいくと，多くの事業を同時に展開することになる。そこで，複数の事業を効率的に管理するために，PPM（プロダクト・ポートフォリオ・マネジメント）という手法が開発された。この手法では，(b)縦軸に市場成長率，横軸に市場占有率をとって，複数の事業を花形・金のなる木・問題児・負け犬の4つにグルーピングする。そして，その分類の結果や長期的な戦略によって，(c)他の企業や事業部門を買収したり，合併して一つの会社になったりする。あるいは，事業部門を売却するなどして事業再編を行うこともある。

問1．下線部(a)のメリットとして，次のなかから適切と考えられるものを一つ選びなさい。

　ア．すでに手がけている事業と関連性が高いので，リスクの分散を図ることができる。

　イ．すでに手がけている事業と関連性が高いので，相乗効果（シナジー効果）が期待できる。

　ウ．すでに手がけている事業と関連性が高いので，コングロマリットを構成しやすい。

問2．下線部(b)の手法によって分析を行った際の説明として，次のなかから適切なものを一つ選びなさい。

　ア．この手法では，「金のなる木」で獲得した資金を「問題児」に投資して，「問題児」を「花形」へ育成することが原則となる。

　イ．「金のなる木」に分類された事業は，獲得する資金よりも支出する資金のほうが大きく，「問題児」に分類された事業は，獲得する資金のほうが支出する資金よりも大きいという特徴がある。

　ウ．この手法では，「花形」で獲得した資金は「問題児」の事業に投資し，「金のなる木」で獲得した資金は「負け犬」に投資することが原則である。

問3．下線部(c)を何というか，次のなかから適切なものを一つ選びなさい。

　ア．R&D　　イ．M&A　　ウ．3C

12 次の文章を読み，問いに答えなさい。

　企業を取り巻く環境の変化は，「VUCA」という言葉で表現されることがある。これは，Volatility（変動性）・Uncertainty（不確実性）・Complexity（複雑さ）・Ambiguity（曖昧さ）の４つの言葉の総称で，それだけ環境の変化を把握することが難しいことを意味している。

　そこで，環境の変化を的確に把握するためのフレームワークとして，政治・経済・社会・技術の４つの軸にそって情報を整理する手法が用いられることがある。この手法を用いて，企業を取り巻くさまざまな外部環境の事象を政治的な要因・経済的な要因・社会的な要因・技術的な要因に分類して整理することによって，戦略の立案や計画の策定などに役立てることが可能になる。

　例えば，百貨店業界を取り巻く外部環境の変化をこの手法で整理していくと，　①　的要因としてキャッシュレス決済の浸透や多様化などの現象があり，　②　的要因としては，少子高齢化による人口減少がある。また，　③　的要因として，原油や小麦などの価格の上昇や為替相場の動向があげられる。

　こうしたさまざまな事象の分類と整理が完了した後に，その影響の度合いなどを考慮して，分析を行っていくと効率がよい。

問１．文中の下線部の手法を何というか，次のなかから適切なものを一つ選びなさい。
　　ア．PEST分析　　　イ．VRIO分析　　　ウ．５F分析

問２．文中の　①　～　③　に入る用語の組み合わせとして，次のなかから適切なものを一つ選びなさい。
　　ア．①政治・②社会・③技術　　　イ．①技術・②社会・③経済　　　ウ．①経済・②経済・③社会

13 次の文章を読み，問いに答えなさい。

　企業は利益を獲得できる機会を見出し，その市場に参入して競合他社と競争をすることになる。このとき，(a)競合他社には模倣が難しいノウハウやブランドなどを有し，競合他社の商品やサービスよりも差別化ができていれば，その市場で優位性や独自性を確保することができる。こうした市場における優位性や独自性を確保するための戦略として，マイケル・ポーターは3つの基本戦略を提唱した。

　まず，(b)大量生産によって製造原価を低減化し，製品を低価格で販売して市場占有率を高めていく戦略がある。この戦略の背景には，大量生産によって製品1単位あたりの製造原価が逓減していくという規模の経済あるいは経験曲線効果と呼ばれる現象がある。

　次に，(c)独自性のある製品を生み出すことによって競合他社と差別化し，優位性や独自性を構築する戦略がある。この戦略を採用する場合には，競合他社が模倣しにくい，つまり模倣可能性が低いことが前提になる。もし特徴のある製品を作り出しても，競合他社が模倣しやすい場合には，その優位性や独自性はすぐに失われてしまうためである。

　最後に，(d)特定の顧客層や特定の地域などに経営資源を集中させる戦略がある。先の2つの戦略は市場全体を対象としているが，この戦略の場合は市場を複数の層（セグメント）に分割し，そのいくつかに集中しているので，後から新規参入してくる競合他社が少なく，優位性や独自性を確保しやすい。

問1．下線部(a)を何というか，次のなかから適切なものを一つ選びなさい。
　　ア．希少性　　　イ．競争優位　　　ウ．利益ポテンシャル

問2．下線部(b)の具体例として，次のなかから適切なものを一つ選びなさい。
　　ア．理髪業を営むA社は，多忙なビジネスパーソンを主な対象として，駅前などに出店し，不必要なサービスを削減して，短時間かつ低価格の理髪サービスという独自の価値を提供している。
　　イ．自動車メーカーのB社は，生産提携したC社のブランドの自動車を生産し，C社に供給している。
　　ウ．1910年代のフォード社はT型フォード車を大量生産し，低価格で販売して成功をおさめた。

問3．下線部(c)を何というか，次のなかから適切なものを一つ選びなさい。
　　ア．差別化戦略　　　イ．コスト・リーダーシップ戦略　　　ウ．集中戦略

問4．下線部(d)の具体例として，次のなかから適切なものを一つ選びなさい。
　　ア．1980年代に日本のある自動車メーカーはインドの自動車市場に参入し，圧倒的な市場占有率を確保した。
　　イ．ある企業は文化活動などに積極的に資金を提供し，芸術や文化を通じて地域の振興や次世代育成などの課題に取り組んでいる。
　　ウ．ある大手飲料メーカーは，高品質な茶葉を安定的に仕入れるために，地域の農家と長期にわたる供給契約を締結し，農家の経営の安定化にも配慮している。

14 次の文章を読み，問いに答えなさい。

　蒸気機関の発明を中心とする第一次産業革命，重化学工業を中心とした第二次産業革命，情報通信技術を中心とした第三次産業革命に続いて，現在は第四次産業革命を迎えつつあるという考え方がある。

　第四次産業革命はAIや(a)IoTなどを活用した技術革新であり，５Ｇなど通信技術の高速化と高品質化とあわせて，日常生活の快適性向上や製造活動における(b)生産性の向上が期待されている。また，(c)画像や動画，文章，数値などさまざまな形式を含む膨大な量のデータも第四次産業革命の中心となっており，このデータを解析することで得た知見は，販売活動や生産活動などですでに活用されている。

　さらに，こうした技術の進化とともに，フィンテックと呼ばれる情報通信技術を活用した革新的な金融サービスも広がりをみせている。また，(d)運転手に代わってシステムが自動車を運転する技術の開発も行われており，2023（令和５）年現在，わが国では特定の条件下でシステムが完全に運転を担うレベル４の導入が進められている。

　こうしたさまざまな技術革新は人々の働き方やライフスタイルにも大きな影響を及ぼし，(e)仕事をしながら，子育て・介護の時間や自己啓発などプライベートの時間も充実させる生き方を実現することにも役立つと考えられる。

問１．下線部(a)の説明として，次のなかから適切なものを一つ選びなさい。
　ア．一定期間の取引データをブロックと呼ばれる単位で管理し，チェーン（鎖）のようにつないで蓄積する技術である。
　イ．情報的資源をさまざまな脅威から守り，安全に経営を行うための活動全般を指す用語である。
　ウ．「モノのインターネット」ともいい，住宅や車，家庭用電気製品，機械装置など，あらゆるモノをインターネットに接続する技術である。

問２．下線部(b)を表す式として，次のなかから適切なものを一つ選びなさい。

　ア．$\dfrac{インプット}{アウトプット}$　　イ．$\dfrac{アウトプット}{インプット}$　　ウ．$\dfrac{アウトプット}{（アウトプット＋インプット）}$

問３．下線部(c)を何というか，次のなかから適切なものを一つ選びなさい。
　ア．BIツール　　イ．RFID　　ウ．ビッグデータ

問４．下線部(d)を何というか，次のなかから適切なものを一つ選びなさい。
　ア．自動運転技術　　イ．車両制御技術　　ウ．交通管制技術

問５．下線部(e)を何というか，次のなかから適切なものを一つ選びなさい。
　ア．ワーク・エンゲージメント　　イ．ワーク・シェアリング　　ウ．ワーク・ライフ・バランス

15 次の文章を読み，問いに答えなさい。

　商業高校を卒業するAさんは，地域に複数の店舗をもつ総合スーパーに入社が決まった。そこで，採用の内定が出てから入社するまでに，(a)販売業務に関する資格の取得や，業務に関係すると思われる書籍を読むことにした。

　入社後，新入社員は研修所で合宿をすることになり，そこで(b)販売活動におけるロールプレイングやさまざまなビジネスゲームを行った。さらに，研修所に招かれた講師から販売理論の講義を受けた。

　その後，衣料品部門に配属されたAさんは上司から就業規則をまとめた冊子を渡されて，(c)1日8時間労働で，水曜日と金曜日が休みであることなどの説明を受けた。

問1．下線部(a)のような行為を何というか，次のなかから適切なものを一つ選びなさい。

　ア．自己啓発　　イ．目標管理　　ウ．小集団活動

問2．下線部(b)を何というか，次のなかから適切なものを一つ選びなさい。

　ア．OJT　　イ．JIT　　ウ．Off-JT

問3．下線部(c)の説明として，次のなかから適切なものを一つ選びなさい。

　ア．労働基準法で定められている法定労働時間が遵守されており，Aさんはいかなる理由があっても法定労働時間を超えて勤務することはできない。

　イ．労働基準法で定められている法定労働時間を超えており，この総合スーパーは1日の労働時間を7時間に短縮しなければならない。

　ウ．労働基準法で定められている法定労働時間が遵守されており，法定労働時間を超えて勤務する場合には，割増賃金が支払われることになる。

16 次の文章を読み，問いに答えなさい。

インターネットが一般的に利用される前までは，卸売業者や小売業者が安く商品を仕入れて高く販売するビジネスが主流だった。その後，情報通信技術が発達するにつれて，(a)インターネット上に動画をアップロードして，動画に付随する広告の閲覧回数に応じて収益を得るビジネスや，自社は取引の当事者とならずに，(b)取引が行われる場を提供してその対価を得るビジネス，さらに(c)一定の期間ごとに決まった料金を支払うことで，動画や音楽の配信サービスなどを提供するビジネスなど，さまざまなビジネスモデルが誕生した。

問１．下線部(a)を何というか，次のなかから適切なものを一つ選びなさい。
　　ア．ライセンスモデル　　　イ．フリーミアム　　　ウ．広告モデル

問２．下線部(b)を何というか，次のなかから適切なものを一つ選びなさい。
　　ア．プラットフォーム　　　イ．トランザクション　　　ウ．データベース

問３．下線部(c)を何というか，次のなかから適切なものを一つ選びなさい。
　　ア．消耗品モデル　　　イ．サブスクリプション　　　ウ．卸売・小売モデル

17 次の文章を読み，問いに答えなさい。

売買取引や雇用契約，保険契約など，さまざまな取引や契約を行う際は，当事者同士がもつ情報量は等しいことが望ましい。しかし，商品の売買については売り主のほうが買い主よりも商品の機能や品質に詳しく，従業員と経営者では従業員のほうが自分の能力や性格について詳細な情報をもっている。また，例えば生命保険に加入を希望する人と保険会社とでは，加入希望者のほうが自分の健康状態については詳しい。このように，保有する情報量が不均衡な状態にあることを，情報の　①　という。

こうした不均衡な状態をそのままにしておくと，情報量を多くもっている側が著しく有利な取引や契約を行うことになる。そこで，売り主が買い主に商品を売る際は，商品について説明したり，万が一不具合があった場合はアフターサービスを行ったりすることで不均衡を補っている。また，企業に就職を希望する人については，企業は適性試験や筆記試験などを実施して，希望者の性格や能力を推し量ろうとする。さらに保険会社は加入希望者に健康診断の結果を提出してもらうなどして，情報の不均衡を是正しようとしている。

ただし，適性試験や筆記試験の結果，健康診断の結果などは，　②　に定める個人情報に該当する。そのため，漏えい等が発生しないよう厳重に取り扱わなくてはならない。

問１．文中の　①　に入る用語として，次のなかから適切なものを一つ選びなさい。
　　ア．格差　　イ．対称性　　ウ．非対称性

問２．文中の　②　に入る用語を漢字６文字を補って完成させなさい。

18 次の文章を読み，問いに答えなさい。

　　企業がビジネスを継続させるためには，マネジメントによって課題を解決していくことが必要となる。企業が直面する課題にはさまざまなものがあるが，とりわけ難しいのは，(a)相反する２つの選択肢があるときに，そのどちらを選んでも不利益が生じる場合である。例えば，(b)今後高い成長性が見込める市場に進出する際に，こうした状態に陥ることがある。これは，自社が魅力的と考える市場は，他の企業も同様に考えるためという事情が背後にある。

問１．下線部(a)を何というか，次のなかから適切なものを一つ選びなさい。

　ア．ジレンマ　　　イ．アライアンス　　　ウ．リスクヘッジ

問２．下線部(b)の説明として，次のなかから適切と思われるものを一つ選びなさい。

　ア．高い成長性が見込める市場ほど独占的な市場となり，早期に参入した企業ほど利益を上げやすくなる。

　イ．高い成長性が見込める市場ほど新規に参入する企業が増えるので，利益の獲得が難しくなる。

　ウ．高い成長性が見込める市場ほど新規に参入する企業の能力に課題があり，成長しなくなる。

第2回
商業経済検定試験問題
〔ビジネス・マネジメント〕

解答上の注意

1．この問題のページはp.104からp.116までです。

2．解答はすべて別紙解答用紙(p.147)に記入しなさい。

3．問題用紙の表紙に受験番号を記入しなさい。

4．文字または数字で記入するもの以外はすべて記号で答えなさい。

5．計算用具などの持ち込みはできません。

6．制限時間は50分です。

1 次の文章を読み，問いに答えなさい。

　品質偽装や(a)粉飾決算といった不祥事や業績の急激な悪化などで，その企業に対する社会的な信用やイメージが下落したり，経営危機に陥ってしまったりすることがある。いったん不祥事が発生してしまうと，従業員や金融機関，株主や消費者などにも影響が及ぶ。こうしたなかで，企業は(b)コンプライアンスを原則としながら，環境問題に対する配慮や地域社会への貢献など社会的責任の遂行も求められる。

　そこで，(c)経営者の意思決定のプロセスや企業の経営活動全体を監視・監督し，ときには改善を求める仕組みを構築することで，企業は不祥事の発生を防止し，経営の透明性を確保しようとしている。最近では(d)主に投資家に向けて，経営活動に関するさまざまな情報を任意に情報開示する企業も増えている。

問1．下線部(a)の説明として，次のなかから適切なものを一つ選びなさい。

　ア．財政状態や経営成績などを実態よりも良好にみせるため，貸借対照表や損益計算書などの数字をごまかすことである。

　イ．株主に対して法律が定める以上の過大な剰余金の配当を行うことである。

　ウ．商品などの規格や品質などについて，実際以上に優良であるかのように表示して，顧客を呼び寄せることである。

問2．下線部(b)の説明として，次のなかから適切なものを一つ選びなさい。

　ア．購売履歴などの顧客情報をデータベース化して分析することで，良好な信頼関係を構築すること。

　イ．自社にしかない技術やノウハウを中心として，経営資源を集中させること。

　ウ．法律や条例，命令や就業規則などにしたがって，業務を遂行すること。

問3．下線部(c)を何というか，次のなかから適切なものを一つ選びなさい。

　ア．コーポレート・ガバナンス　　イ．ナレッジ・マネジメント　　ウ．リスク・マネジメント

問4．下線部(d)を何というか，次のなかから適切なものを一つ選びなさい。

　ア．ISO　　イ．IR　　ウ．OR

2 次の文章を読み，問いに答えなさい。

　株式会社が資金を調達するには，利益の一部を内部留保したり，(a)金融機関から資金を借り入れたり，(b)株式を発行して資金を調達したりするなどの方法がある。こうした資金調達を行う場合，さまざまな資本コストが発生するので，企業は資金の調達やそれにかかる種々の費用，さらにその運用を含めて最適な状態になるようにマネジメントしなければならない。

問1．下線部(a)を何というか，次のなかから適切なものを一つ選びなさい。
　ア．間接金融　　イ．自己金融　　ウ．直接金融

問2．下線部(b)の利点として，次のなかから適切なものを一つ選びなさい。
　ア．原則として調達した資金は返済しなくてよい。
　イ．株主から意思決定に関する関与を受けない。
　ウ．株主に支払う利息は借入金よりも低い。

3 次の文章を読み，問いに答えなさい。

　わが国の多くの企業にみられる年功序列型賃金制度や終身雇用，また(a)企業単位で組織された労働組合が中心となって個別に労使交渉を行う慣行などは，日本的経営と呼ばれている。しかし，消費活動や投資活動が減退する不景気と呼ばれるときには，雇用調整を余儀なくされる場合もある。
　雇用調整には，数量調整と時間調整の2つの方法がある。数量調整の場合には，　　　　　　制度の設置や，新卒採用の削減や中止といった方法などが採用される。また，時間調整を行う場合には，(b)就業規則で定めた所定労働時間の変更は難しいので，所定外労働時間で調整する方法が採用されることが多い。

問1．下線部(a)を何というか，次のなかから適切なものを一つ選びなさい。
　ア．産業別労働組合　　イ．職種別労働組合　　ウ．企業別労働組合

問2．文中の　　　　　　に入る用語として，次のなかから適切なものを一つ選びなさい。
　ア．社内留学　　イ．限定勤務地　　ウ．早期退職優遇

問3．下線部(b)の説明として，次のなかから適切なものを一つ選びなさい。
　ア．所定労働時間とは始業から終業までのうち休憩時間を除いた時間であり，休憩時間を短縮することによって雇用調整を行う。
　イ．所定労働時間とは始業から終業までのうち休憩時間を除いた時間であり，いわゆる残業を規制することによって雇用調整を行う。
　ウ．所定労働時間とは始業から終業までの休憩時間を含む時間であり，労働基準法に定める法定労働時間を超える部分をなくすことによって雇用調整を行う。

4 次の文章を読み，問いに答えなさい。

　企業内部の経営資源だけではなく，外部の経営資源が必要なときもある。このとき<u>合併や買収</u>ではなく，生産活動や販売活動，研究開発など特定の分野に限定して協力しあうことがある。これを，提携あるいはアライアンスなどという。とりわけ，それぞれの企業が独立しながらも，相互に出資して業務提携以上に関係を深めていくことを　　　　　　　という。

問1． 文中の下線部を何というか，次のなかから適切なものを一つ選びなさい。
　　ア．R&D　　イ．MBO　　ウ．M&A

問2． 文中の　　　　　　　に入る用語として，次のなかから適切なものを一つ選びなさい。
　　ア．技術提携　　イ．資本提携　　ウ．生産提携

5 次の文章を読み，問いに答えなさい。

　企業の人的資源のマネジメントにおいては，従業員のモチベーションをいかに高めるべきかが課題になる。かつて<u>(a)フレデリック・テイラーが提唱したマネジメントの方法</u>では，標準的な作業量を科学的に定め，この標準的な作業量に基づく出来高給制度を設計して，従業員のモチベーションを高めようとした。しかしながら，このマネジメントの方法は，あまりにも金銭的な報酬を重視して人間の感情的な側面を軽視していたので，その後，人間関係をより重視するマネジメントの手法やマズローによる<u>(b)人間の欲求の階層構造</u>などが注目されるようになる。

　現在では，高い報酬や評価といった外発的動機づけでは不満足を生み出す要因を取り除くだけであり，<u>(c)大事なのは内面から生み出される内発的動機づけである</u>という考え方も重視されている。

問1． 下線部(a)を何というか，次のなかから適切なものを一つ選びなさい。
　　ア．大量生産方式　　イ．科学的管理法　　ウ．目標設定理論

問2． 下線部(b)について最も高い次元の欲求は何か，次のなかから適切なものを一つ選びなさい。
　　ア．社会生活を送るうえで，安全に過ごしたいという欲求
　　イ．自分の能力や個性などを最大限に発揮して，自己を完成させていきたいという欲求
　　ウ．世間的に名高い名誉や尊敬を得て，高い評価を得たいという欲求

問3． 下線部(c)の説明として，次のなかから適切なものを一つ選びなさい。
　　ア．マネジメントにあたっては，従業員が達成感を得られるような仕事をいかに与えるべきかが
　　　　大事になり，さまざまな工夫改善の余地などを取り入れられるようにする。
　　イ．マネジメントにあたっては，なるべく単純な作業に細分化して分業し，機械的に作業をさせ
　　　　ることが重要である。
　　ウ．マネジメントにあたっては，できるだけマニュアルに沿って作業をさせ，全体からみたその
　　　　作業の役割などは気にさせないように配慮する必要がある。

6 次の文章を読み，問いに答えなさい。

　企業の組織形態にはさまざまな種類があるが，組織を設計するうえではいくつかの基本的な原則がある。例えば，1人の管理者が管理できる部下の人数には限界があり，適正に階層化しなければならないという原則で，これを　①　適正化の原則という。

　また，管理者がもつ　②　と責任は一致していなければならない。　②　を持っていないことがらに対して責任のみを負わされた場合，十分に職務を遂行することは難しく，その管理者は不平や不満を募らせることにもなる。

問1．文中の　①　に入る用語として，次のなかから適切なものを一つ選びなさい。
　ア．統制範囲　　イ．自由裁量　　ウ．命令の統一性

問2．文中の　②　に入る用語を漢字2文字で記入しなさい。

次の文章を読み，問いに答えなさい。

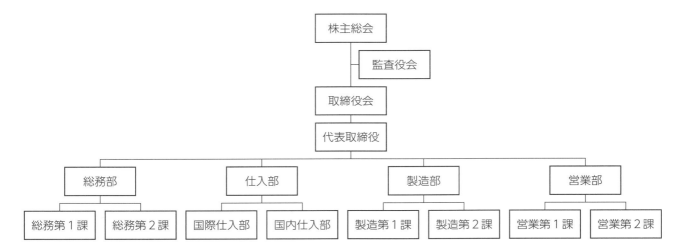

　A株式会社は，数種類の製品を製造・販売している製造業者である。上の図はA株式会社の組織図で，同社は(a)仕入・製造・営業といった機能ごとに組織を編成している。しかし，多くの製品を取り扱っているため，製造部でも営業部でも混乱するようになってきている。

　そこで，A社では組織形態を再編成し，(b)製品ごとに独立した部門を編成し，それぞれの部門ごとに利益を管理する組織にしようと考えている。

問1．下線部(a)の組織形態の特徴として，次のなかから適切なものを一つ選びなさい。

　ア．原則として部門間の交流が少ないので，担当する業務の専門性が高まり，経営者を育成する機会にもなる。

　イ．部門ごとの業績管理や評価を行うことができ，部門間での競争を促しやすい。

　ウ．機能別に経営資源を集中させているので，例えば仕入部の場合などに必要な原材料などを一括して大量購入することで，コストを抑制することができる。

問2．下線部(b)を何というか，次のなかから適切なものを一つ選びなさい。

　ア．機能別組織　　イ．事業部制組織　　ウ．マトリックス組織

問3．下線部(b)の説明として，次のなかから適切なものを一つ選びなさい。

　ア．従業員は，製品ごとに独立した部門の部長と，機能別単位の部長という2人の管理者から指示を受けることになるため，混乱が生じないようなマネジメントが必要となる。

　イ．それぞれの部門が製品ごとに独立するので，迅速な意思決定が可能になる一方で，企業全体で協力すべきところで協力しないリスクもあると考えられる。

　ウ．異なる製品の製造担当者の間でノウハウの共有化が促進される一方で，最終的な意思決定は最高管理者に委ねられることが増えて，中央集権的なマネジメントになるリスクがある。

8 次の文章を読み，問いに答えなさい。

　組織内では，さまざまなことが原因となって(a)対立や軋轢が発生することがある。組織内の人間関係が悪化すると，構成員のモチベーション低下にもつながるため，良好な人間関係を維持するための調整が必要となる。このとき注目されるのが組織や集団を率いるリーダーであり，リーダーの能力や振る舞いなどを 　　　　　 という。

　また，リーダーの役割の一つに，部下が魅力的と感じる(b)実現可能な将来像を呈示することがある。これにより集団や組織の構成員は共通の目標に向かって団結することができる。

問１．下線部(a)を何というか，次のなかから適切なものを一つ選びなさい。
　　ア．コミュニケーション　　イ．ノウハウ　　ウ．コンフリクト

問２．文中の 　　　　　 に入る用語として，次のなかから適切なものを一つ選びなさい。
　　ア．リーダーシップ　　イ．フレンドシップ　　ウ．フラッグシップ

問３．下線部(b)を何というか，次のなかから適切なものを一つ選びなさい。
　　ア．経営理念　　イ．ビジョン　　ウ．ギャップ

9 次の文章を読み，問いに答えなさい。

　調達した資金をどれだけ効率的に運用したのかを示す財務指標に，資本利益率がある。これは利益を資本で割って求める財務指標で，資本としては自己資本や総資本が用いられる。

　この資本利益率をいかに高めるのかを分析するために，資本利益率を 　①　 と資本回転率に分解することが多い。つまり資本利益率を高めるためには，商品やサービスの利益率を高めるか，資本回転率を高めるのか，いずれかの方法によることになる。これを式に表すと次のようになる。

$$\frac{利益}{資本} \times 100(\%) = \frac{利益}{②} \times \frac{②}{資本} \times 100(\%)$$

　ただし，資本利益率の良し悪しについては，企業を取り巻くさまざまな経営環境の変化を考慮しながら分析しなければならない。

問１．文中の下線部の説明として，次のなかから適切なものを一つ選びなさい。
　　ア．主に借入金などの負債によって調達した資金(デット・ファイナンス)で構成されている。
　　イ．主に株式の発行などによって調達した資金(エクイティ・ファイナンス)で構成されている。
　　ウ．主に建物や自動車，土地などの有形固定資産によって構成されている。

問２．文中の 　①　 に入る用語として，次のなかから適切なものを一つ選びなさい。
　　ア．固定比率　　イ．売上高利益率　　ウ．自己資本利益率

問３．文中の 　②　 に入る用語として，次のなかから適切なものを一つ選びなさい。
　　ア．売上高　　イ．仕入高　　ウ．期末商品棚卸高

10 次の文章を読み，問いに答えなさい。

　地元で伝統工芸品を製造している老舗の企業に入社したＡさんは，その企業を取り巻く外部環境の分析を課長から命ぜられた。しかし，インターネットや図書館などでデータや資料を集めていくうちに膨大な資料が山積みとなり，どうやってレポートにまとめるべきか課長に聞いてみることにした。

　Ａさん　「わが社の外部環境といってもさまざまな事象がありますが，どうすればわかりやすくレポートが書けるでしょうか」

　課長　　「まず(a)外部環境と内部環境の定義を考えて，集めた資料のうち内部環境に分類されるものは除外していこう」

　Ａさん　「内部環境要因を削除してもかなりの分量があります」

　課長　　「その次に外部環境要因を，(b)政治的要因・経済的要因・社会的要因・技術的要因に分類してみよう。この４つにさまざまな資料を分類して整理することで，かなりわかりやすいレポートになるね」

　Ａさん　「４つの要因に整理した後は，どうすればよいでしょうか」

　課長　　「今回のレポートでは内部環境要因は除外されてしまうけれど，(c)SWOT分析のうち当社にとって機会になるものと脅威になるものとにさらに分けるとわかりやすいね」

　Ａさん　「そうすると政治的要因・経済的要因・社会的要因・技術的要因に分類された要因のうち，当社にとってプラスの影響をもたらすものとマイナスの影響をもたらすものとに分けて考えることができますね。ありがとうございました」

問１．下線部(a)の説明として，次のなかから適切なものを一つ選びなさい。

　ア．人口減少など，その企業ではコントロールできないものが外部環境である。

　イ．競合他社よりも技術力に課題があるなど，企業でコントロールできるものが外部環境である。

　ウ．企業の建物や敷地の外で発生した事象はすべて外部環境である。

問２．下線部(b)のように分類する手法を何というか，次のなかから適切なものを一つ選びなさい。

　ア．３Ｃ分析　　　イ．５Ｆ分析　　　ウ．PEST分析

問３．下線部(c)の説明として，次のなかから適切なものを一つ選びなさい。

　ア．企業の成長可能性を，提供する価値や希少性，模倣可能性や組織形態などの観点で分析する手法である。

　イ．内部環境を長所（強み）と短所（弱み），外部環境を機会になる要因と脅威になる要因に分析する手法である。

　ウ．競合・顧客・自社の３つの観点で，まず顧客（市場）を分析し，顧客のニーズなどを受けて競合他社の対応を分析し，最後に自社の対応を分析する手法である。

11 次の文章を読み，問いに答えなさい。

　単純に「競争」といっても，市場でどのような競争が行われているのかを把握することは難しい。明らかにお互いが「競争相手」と認識している場合には，競争の状況を把握するのは容易だが，「競争相手」は想定の範囲外の業界から新たに参入してくることもある。そこで，マイケル・ポーターは，競争の状況を把握するために，(a)新規参入の脅威・(b)買い手の交渉力・売り手の交渉力・代替品の脅威・既存の同業者との競合の(c)5つの要因に分けて分析する方法を提唱した。

問１．下線部(a)の説明として，次のなかから適切なものを一つ選びなさい。
　ア．多額の設備投資が必要になるなど，参入障壁が高い場合には新規参入の脅威は低くなる。
　イ．多額の設備投資が必要になるなど，参入障壁が低い場合には新規参入の脅威は低くなる。
　ウ．多額の設備投資が必要になるなど，参入障壁が高い場合には新規参入の脅威は高くなる。

問２．下線部(b)の説明として，次のなかから適切なものを一つ選びなさい。
　ア．買い手の交渉力とは，顧客や得意先の交渉力のことで，買い手の交渉力が強い場合には，自社の収益性は高くなる。
　イ．買い手の交渉力とは，原材料や部品などの調達先の交渉力のことで，買い手の交渉力が強い場合には，自社の収益性は低くなる。
　ウ．買い手の交渉力とは，顧客や得意先の交渉力のことで，買い手の交渉力が強い場合には，自社の収益性は低くなる。

問３．下線部(c)を何というか，次のなかから適切なものを一つ選びなさい。
　ア．３Ｃ分析　　イ．ファイブフォース分析　　ウ．VRIO分析

12 次の文章を読み，問いに答えなさい。

　新たにビジネスを始める際は，企業が存続，成長するために，(a)企業の存在意義を示し，どのような経営活動を行うべきかについての信念や信条が必要になる。

　信念や信条に基づいて具体的な経営の目標などを確定させることで，そこに到達するための道筋を戦略として立案しやすくなる。そして，その戦略と表裏一体の関係にあるのが，(b)継続的に収益を獲得し，企業の持続的な成長を図る仕組みである。これは単に「利益を獲得するための仕組み」ということではなく，その背後には「顧客に価値を提供し，その正当な対価を得る」という考え方が潜んでいる。

問１．下線部(a)を何というか，次のなかから適切なものを一つ選びなさい。
　ア．経営理念　　イ．経営管理　　ウ．経営戦略

問２．下線部(b)を何というか，次のなかから適切なものを一つ選びなさい。
　ア．卸売・小売モデル　　イ．ビジネスモデル　　ウ．SECIモデル

13 次の文章を読み，問いに答えなさい。

　原材料の調達から製品の製造，販売に至る一連の流れは，国境を越えてグローバル化している。かつては部品メーカー，製造業者，卸売業者，小売業者はそれぞれが在庫の削減や需要の予測などに取り組んでいた。しかし，この方法だとそれぞれが在庫切れを起こさないように在庫を抱えるため，全体でみると在庫数量が増えてしまうことになる。

　そこで，(a)原材料の調達から製品の販売に至る一連の流れを全体として把握し，最適化する管理手法が採用されるようになった。この方法では，同じ流れに属する各企業は販売データや生産データを共有し，製品の販売数量が増加していれば，部品メーカーや製造業者は部品や製品を増産して，在庫切れに対応したり，小売業者の発注から納品までにかかる時間（リードタイム）を短縮したりすることができる。また，この仕組みは(b)大規模災害が発生したときの事業の継続と早期復旧に備える計画の立案にも役に立つ。

問１．下線部(a)を何というか，次のなかから適切なものを一つ選びなさい。
　ア．EPA　　イ．FTA　　ウ．SCM

問２．下線部(b)を何というか，次のなかから適切なものを一つ選びなさい。
　ア．BCP　　イ．PDC　　ウ．TLO

14 次の文章を読み，問いに答えなさい。

　従業員やその家族の福祉の向上のために，賃金以外のかたちで使用者が給付するものを総称して，　①　という。これには法律で定めた健康保険や厚生年金保険，介護保険といった　②　保険などがある。一方，住宅手当や社内貸付金，慶弔見舞金や人間ドックの受診料補助など法律で定められていないものもあり，これらを総称して　③　という。

問１．文中の　①　に入る用語として，次のなかから適切なものを一つ選びなさい。
　ア．派遣労働　　イ．福利厚生　　ウ．職能資格

問２．文中の　②　に入る用語として，次のなかから適切なものを一つ選びなさい。
　ア．社会　　イ．民間　　ウ．損害

問３．文中の　③　に入る用語として，次のなかから適切なものを一つ選びなさい。
　ア．労働保険　　イ．衛生要因　　ウ．法定外福利

15 次の文章を読み，問いに答えなさい。

　現代の企業にとって，ブランドは将来の収益につながる貴重な資産になっている。とりわけ自社の商品やサービスを競合他社のものと識別し，差別化する機能は，(a)コモディティ化した日用品などで，商品を選んでもらえる可能性を高めることになる。また，高級なブランドイメージをもつ場合には，価格競争やプロモーションに頼ることなく，高い販売価格で商品やサービスを販売できることになる。

　このブランドのもつ価値を高めるためには，好ましいイメージでなるべく多くの人にブランドを認知してもらい，ブランドに対する信頼感や忠誠心を高めることが重要になる。もし(b)多くの人が企業のブランドに信頼感や忠誠心をもつようになれば，それだけで競争優位性を確保できることになる。

問１．下線部(a)の説明として，次のなかから適切なものを一つ選びなさい。

　ア．市場で競争する企業の間で差別化が進行し，それぞれの企業の商品やサービスが独自性をもっている状態のことである。

　イ．市場で競争する企業の間で同質化が進行し，それぞれの企業の商品やサービスの差別化が難しくなっている状態のことである。

　ウ．市場で競争する企業の間で価格の引き下げが急速に行われ，収益性が著しく低下している状態である。

問２．下線部(b)の理由として，次のなかから適切なものを一つ選びなさい。

　ア．競合他社の優れた商品やサービスを模倣して，積極的に値下げすることによって，利益を獲得することができる。

　イ．ブランドに信頼感や忠誠心をもつ顧客が繰り返し商品やサービスを購買することによって，市場で優位性や独自性を確保できる。

　ウ．ブランドに信頼感や忠誠心をもつ顧客が増えるので，企業の不祥事や商品の欠陥などがあっても売上高を維持することができる。

16 次の文章を読み，問いに答えなさい。

　多種多様な事業を展開している企業は，どの事業に経営資源を集中させるべきか，あるいはどの事業から撤退するべきかを決める必要がある。このとき(a)縦軸に市場成長率，横軸に市場占有率をとって，事業を4つのグループに分ける方法がある。

　分類した事業のうち，市場成長率が高い事業に対しては，投下する資金は一般に多くなる。逆に市場成長率が低い事業は，それほど資金を必要としない。また，市場占有率が高い事業については獲得できる資金が多くなる。したがって，(b)市場占有率が高く，市場成長率が低い事業は，投下する資金は少なく，獲得できる資金は多い事業ということができる。

　一方，(c)市場成長率が高く，市場占有率が低い事業は，獲得できる資金は少なく，しかも投下するべき資金は多額になるが，将来性は高い。また，(d)市場成長率も市場占有率も低い事業については，撤退を検討することになる。

問1．下線部(a)を何というか，次のなかから適切なものを一つ選びなさい。
　ア．3M　　イ．QCD　　ウ．PPM

問2．下線部(b)の事業はどのグループに分類されるか，次のなかから適切なものを一つ選びなさい。
　ア．花形　　イ．問題児　　ウ．金のなる木　　エ．負け犬

問3．下線部(c)の事業はどのグループに分類されるか，次のなかから適切なものを一つ選びなさい。
　ア．花形　　イ．問題児　　ウ．金のなる木　　エ．負け犬

問4．下線部(d)の事業はどのグループに分類されるか，次のなかから適切なものを一つ選びなさい。
　ア．花形　　イ．問題児　　ウ．金のなる木　　エ．負け犬

17 次の文章を読み，問いに答えなさい。

A社では料理のレシピを投稿・検索できるサービスを提供するビジネスを展開しており，2023（令和5）年7月時点で約385万のレシピを公開している。この企業がビジネスを立ち上げたのは1998（平成10）年で，「レシピの投稿サイト」というコンセプトが受け入れられ，ユーザー数は増加していった。当初はサイトの維持費がかかるばかりだったが，(a)食品メーカーが広告を出稿するようになり，ようやく収益を計上できるようになった。

さらに，大手通信会社の公式サービスに認定されたことで，有料のプレミアム会員が急激に増加した。(b)プレミアム会員は月額料金を支払うことで，無料会員では利用できなかった「人気順検索」や「カロリー・塩分量表示」といった機能を利用することができる。無料版でサイトの便利さを知ったユーザーは，有料版に乗り換えて，さらにこのサービスを利用するようになった。現在では，広告料による収益よりも，有料のプレミアム会員が支払う料金が収益の大半を占めるようになっている。

問1．下線部(a)のようなビジネスを何というか，次のなかから適切なものを一つ選びなさい。

　ア．ライセンスモデル　　　イ．消耗品モデル　　　ウ．広告モデル

問2．下線部(b)のようなビジネスの仕組みを何というか，カタカナ6文字で正しい用語を記入しなさい。

18 次の文章を読み，問いに答えなさい。

情報的資源のマネジメントを行う場合，自社の発明などを特許権や実用新案権などとして，特許庁に出願し，登録して保護する方法がある。いったん特許原簿に登録されると，第三者は特許権者に無断でその発明を利用することができなくなるので，その発明を独占的に利用することができる。これをクローズ戦略という。

その一方で，製品の開発工程や技術を無償で公開したり，社内の技術を外部に供与したりする場合もある。例えば洗剤などの生活用品を扱うメーカーのA社では，2000（平成12）年に社内技術を他の企業に売却したり，使用を許諾したりする一方で，社外の技術やノウハウを積極的に取り込み，製品化を進めた。こうした取り組みを，□□□□という。

問1．文中の下線部の説明として，次のなかから適切なものを一つ選びなさい。

　ア．思想または感情を創作的に表現したもので，文学・学術・美術または音楽に属するものに関する権利である。

　イ．物品の形・構造または組み合わせの方法によって，実用的な製品を考案し，特許庁に出願して登録すると取得できる権利である。

　ウ．特定の業者が製造・販売している商品であることを示すマークや，特定の業者が提供している役務だとわかるようなサービスマークに関する権利である。

問2．文中の□□□□に入る用語を，カタカナ4文字を補って完成させなさい。

19 次の文章を読み，問いに答えなさい。

　物的資源のマネジメントでは，第一に生産工程のマネジメントが重要である。生産工程において，定められた品質を維持しながら製造原価を削減し，納期を遵守することは必須であり，製品の生産工程において，不良品が発生しないように注意しなければならない。もし，製品に欠陥があった場合，(a)法律に基づいて損害賠償責任を負ったり，リコールを受け付けたりする場合も想定される。

　第二に流通の過程におけるマネジメントが重要になる。良い製品を生産しても，顧客が求める時期に，適切な価格で適切な数量を届けることができなかった場合，その製品は売れなくなってしまう。そのため顧客から注文を受けてから製品を届けるまでの日数を短縮するために，わが国では流通経路を短縮化する傾向がみられる。例えば(b)卸売小売販売額比率は，長期的には逓減傾向にある。

問１．下線部(a)の法律として，次のなかから適切なものを一つ選びなさい。

　ア．労働基準法　　　イ．消費者基本法　　　ウ．製造物責任法

問２．下線部(b)の説明として，次のなかから適切なものを一つ選びなさい。

　ア．卸売小売販売額比率とは，年間の卸売業販売額を年間の小売業販売額で割った値で，この数値が低くなるほど，卸売業者と卸売業者の間の売買が減少していることを表す。

　イ．卸売小売販売額比率とは，年間の小売業販売額を年間の卸売業販売額で割った値で，この数値が低くなるほど，小売業者が減少していることを表す。

　ウ．卸売小売販売額比率とは，年間の卸売業販売額を年間の小売業販売額で割った値で，この数値が低くなるほど，流通において卸売業者が介在することが多いことを表す。

第3回
商業経済検定試験問題
〔ビジネス・マネジメント〕

解答上の注意

1. この問題のページはp.118からp.130までです。

2. 解答はすべて別紙解答用紙(p.149)に記入しなさい。

3. 問題用紙の表紙に受験番号を記入しなさい。

4. 文字または数字で記入するもの以外はすべて記号で答えなさい。

5. 計算用具などの持ち込みはできません。

6. 制限時間は50分です。

1 次の文章を読み，問いに答えなさい。

日本的経営の特徴とされるものには，雇用や賃金を中心としたわが国独特の労務管理や，(a)福利厚生制度などがある。しかし，バブル経済の崩壊や長引く不景気の影響を受けて，その一部には変化が発生してきている。

例えば，(b)勤続年数の長さが昇給や昇進を決定する賃金制度の慣行については，一部の企業に年俸制度などが導入されている。また，多くの企業は定年まで勤務することが前提となっていたが，場合によっては(c)正規雇用した従業員についても雇用調整が行われることがある。

問1．下線部(a)の目的として，次のなかから適切なものを一つ選びなさい。

ア．従業員の個性を重視して，それぞれの能力を十分に発揮させるという目的があった。

イ．従業員にビジネスマナーを身に付けさせて，礼儀正しくすることに目的があった。

ウ．従業員に企業に対する忠誠心や帰属意識を高めさせる目的があった。

問2．下線部(b)を何というか，次のなかから適切なものを一つ選びなさい。

ア．年功序列型賃金制度　　イ．出来高給制度　　ウ．成果主義型賃金制度

問3．下線部(c)の例として，次のなかから適切なものを一つ選びなさい。

ア．早期退職優遇制度　　イ．限定勤務地制度　　ウ．社内留学制度

2 次の文章を読み，問いに答えなさい。

株式会社の基本的な意思決定は(a)株主総会が行い，株主総会には取締役の選任権と解任権が与えられている。ただし，具体的な業務に関する意思決定は，(b)取締役会を中心とする管理者層が決定している。監査役会設置会社では，株主総会が監査役を選任し，その監査役が取締役の業務執行を監査する。すなわち，株主総会は(c)適正な経営を行うための経営を律する仕組みを構成しているといえる。

問1．下線部(a)が決議する事項として，次のなかから適切なものを一つ選びなさい。

ア．地域住民や顧客に向けたディスクロージャーの方法

イ．金融機関からの資金調達の方法と金額

ウ．定款の変更や財務諸表の承認

問2．下線部(b)を何というか，次のなかから適切なものを一つ選びなさい。

ア．最高管理者層　　イ．中間管理者層　　ウ．現場管理者層

問3．下線部(c)を何というか，次のなかから適切なものを一つ選びなさい。

ア．コーポレート・ガバナンス　　イ．リスク・マネジメント　　ウ．アカウンタビリティ

3 次の文章を読み，問いに答えなさい。

　東西株式会社では，これまで代表取締役の下に(a)研究開発部・生産部・営業部・総務部を配置して，それぞれの部署ごとに専門の業務に特化した組織形態を採用していた。しかし，次第に企業の規模が大きくなり，取り扱う製品が増えてきたことから，(b)それぞれの事業ごとに部門を編成し，その部門ごとに採算性を把握できる組織形態に変更することにした。これにより，かなりの権限がそれぞれの部門に移管され，迅速な意思決定が図れるようになった。

　その一方で，それぞれの部門の独立性が高まるにつれて，部門間の対立が深まる現象や同じ機械装置を異なる部門で保有するなどの弊害もみられるようになった。そこで代表取締役は，(c)機能別に管理職を設置すると同時に，事業別に管理職を設置すれば，両方のメリットが期待できるのではないかと考えた。

問１．下線部(a)を何というか，次のなかから適切なものを一つ選びなさい。
　ア．事業部制組織　　イ．機能別組織　　ウ．カンパニー制組織

問２．下線部(b)を何というか，次のなかから適切なものを一つ選びなさい。
　ア．事業部制組織　　イ．機能別組織　　ウ．カンパニー制組織

問３．下線部(c)の説明として，次のなかから適切なものを一つ選びなさい。
　ア．プロジェクト組織のことで，各部署からメンバーを募り，プロジェクトが完成次第，解散する。
　イ．マトリックス組織のことで，部下は機能別と事業別の２人の上司から指示を受けることになる。
　ウ．ホラクラシー組織のことで，構成員の間に上下関係がなく，柔軟に組織形態を変更できる。

4 次の文章を読み，問いに答えなさい。

競合他社と差別化し，企業の特徴を明確にして，顧客に共通したイメージで認識してもらえるように働きかけることを ① という。コンビニエンスストアを例にすると，店舗のレイアウトやロゴデザイン，シンボルマークなどを統一的にデザインして顧客に働きかけ，企業のイメージを定着させていくようになる。

このうちロゴデザインやシンボルマークは，特許庁に出願して ② として登録し，法律的な保護を受けて独占的に使用することが多い。

問1．文中の ① に入る用語として，次のなかから適切なものを一つ選びなさい。
　ア．セグメンテーション　　イ．コーポレート・アイデンティティ　　ウ．ダイバーシティ

問2．文中の ② に入る用語として，次のなかから適切なものを一つ選びなさい。
　ア．実用新案権　　イ．意匠権　　ウ．商標権

5 次の文章を読み，問いに答えなさい。

変化の激しい現代では，的確な意思決定を行うために，経営者は(a)財務諸表の数値を用いた比率的な分析を行っている。この分析は主に3つに分類できる。まず，その企業がどれだけ効率的に利益を上げているのかを分析する方法がある。これを　①　といい，売上総利益を売上高で割って計算する売上高総利益率や，営業利益を売上高で割って計算する売上高営業利益率などがある。また，(b)税引後の当期純利益を自己資本で割って求める比率もよく用いられている。

次に，過去の収益・費用・利益などの金額をもとに，将来の業績を予測・分析する方法がある。これを成長性分析といい，代表的な指標に売上高成長率などがある。

最後に，資金調達や負債と自己資本の比率などを分析して，倒産に至る可能性などを吟味するものがあり，これを　②　という。代表的なものとして，短期の支払能力をみる流動比率があり，　③　を流動負債で割って計算する。この他に長期の支払能力をみる自己資本比率や固定比率などもある。

問1．下線部(a)を何というか，次のなかから適切なものを一つ選びなさい。

ア．財務管理　　イ．財務基盤　　ウ．財務分析

問2．下線部(b)の説明として，次のなかから適切なものを一つ選びなさい。

ア．自己資本利益率のことであり，ROEとも呼ばれる。自己資本をどれだけ効率的に活用できたのかを表す指標である。

イ．自己資本利益率のことであり，ROAとも呼ばれる。売上高に占める当期純利益の割合を低くすると，自己資本利益率は高まる。

ウ．自己資本利益率のことであり，ROEとも呼ばれる。自己資本に対する売上高の割合を高めると，自己資本利益率は低くなる。

問3．文中の　①　～　③　に入る用語の組み合わせとして，次のなかから適切なものを一つ選びなさい。

ア．①安全性分析・②収益性分析・③流動資産

イ．①収益性分析・②安全性分析・③流動資産

ウ．①収益性分析・②安全性分析・③当座資産

6 次の文章を読み，問いに答えなさい。

　企業が継続してビジネスを行うためには，自社が存在する市場，あるいは進出を考えている市場の状況を把握し，分析する必要がある。その市場から受ける制約の度合いが強いほど，企業の業績にも影響が及ぶ。つまり，競争が激しい市場では，利益を計上することは難しくなる。こうした市場の競争の状況を把握するために，マイケル・ポーターはファイブフォース分析を提唱した。これは，新規参入の脅威・(a)売り手の交渉力・(b)代替品の脅威・買い手の交渉力・(c)既存の同業者との競合の５つの視点で，競争の状況を把握するフレームワークである。

　この分析によって，どのような脅威や交渉力が自社を圧迫して，どのように変化しようとしているのか，そのなかでどの企業の影響力が一番強いのかなどを検討していく。単に競争が厳しいという結論に終わるだけではなく，どうすれば脅威を軽減できるのかまで考えられるようにすることが重要である。

問１．下線部(a)の説明として，次のなかから適切なものを一つ選びなさい。

　ア．原材料や部品を供給する企業の製品が，自社の製品の品質に大きな影響を与える場合に，売り手の交渉力は強くなる。

　イ．原材料や部品を供給する企業の製品が，コモディティ化して価格競争に陥っている場合に，売り手の交渉力は強くなる。

　ウ．原材料や部品を供給する企業がほぼ独占状態にある場合，売り手の交渉力は弱くなる。

問２．下線部(b)の説明として，次のなかから適切なものを一つ選びなさい。

　ア．スマートフォンの登場によって，家庭用ゲーム機がゲーム市場におけるシェアの多くを奪われたように，これまで競合関係になかった製品やサービスと競合する可能性を分析することをいう。

　イ．同じ市場で競合する企業の数や市場占有率，市場成長率などを考慮して，競争の程度を分析することをいう。

　ウ．顧客にとって自社製品が乗り換えやすいかどうかなど，顧客の交渉力の強さを分析することをいう。

問３．下線部(c)の説明として，次のなかから適切なものを一つ選びなさい。

　ア．市場の規模に変化がない場合，競合する企業の数が減少すると，競争は激しくなる。

　イ．競合する企業の数に変化がなくとも，市場そのものが成長すると競争は緩和される。

　ウ．市場の成長率が低く，同一規模の企業が多い場合，競争は緩和される。

7 次の文章を読み，問いに答えなさい。

　企業の戦略にはさまざまなものがあるが，それを３つの基本戦略にまとめたのが，マイケル・ポーターである。マイケル・ポーターは，戦略を(a)顧客から特別な価値を認めてもらい，高い販売価格を受け入れてもらう戦略，(b)競合他社よりも製造原価が低くなる仕組みを構築して利益を生み出す戦略，(c)特定の顧客や地域に経営資源を集中させる戦略に分類した。

　例えば(d)総合化学メーカーのＳ社は，アフリカにおけるマラリア予防のために，殺虫剤を蚊帳のなかに織り込み，約５年をかけて殺虫剤が徐々に染み出す特殊な防虫蚊帳の開発に成功した。それまでのマラリア対策の蚊帳は，普通の蚊帳をいったん殺虫剤に一定時間にわたり浸してから使用していたが，再び殺虫剤に浸す手間や浸すために用意していた殺虫剤を子どもが誤って飲んでしまうリスクが懸念されていた。同社の開発した特殊な防虫蚊帳はそうした事故の可能性もなく，アフリカで大ヒットした。

問１． 下線部(a)を何というか，次のなかから適切なものを一つ選びなさい。
　　ア．コスト・リーダーシップ戦略　　イ．差別化戦略　　ウ．集中戦略

問２． 下線部(b)を何というか，次のなかから適切なものを一つ選びなさい。
　　ア．コスト・リーダーシップ戦略　　イ．差別化戦略　　ウ．集中戦略

問３． 下線部(c)を何というか，次のなかから適切なものを一つ選びなさい。
　　ア．コスト・リーダーシップ戦略　　イ．差別化戦略　　ウ．集中戦略

問４． 本文の主旨から，下線部(d)の戦略として，次のなかから適切なものを一つ選びなさい。
　　ア．コスト・リーダーシップ戦略　　イ．差別化戦略　　ウ．集中戦略

8 次の文章を読み，問いに答えなさい。

　(a)異なる複数の企業が生産工程の一部を共用したり，販売活動や研究開発活動などで緩やかに協力関係をもったりすることがある。また，それぞれの企業が独立性を保ちながら，相互に出資することもある。こうした企業間連携には，相互に必要な経営資源を活用できたり，社会環境の変化に柔軟に対応できたりといったメリットがある。さらに(b)複数の企業が協働することによって，単独で活動するよりも生産性が高まったり，収益性が高まったりする効果も期待できる。

問１． 下線部(a)のような関係を構築することを何というか，次のなかから適切なものを一つ選びなさい。
　　ア．Ｍ＆Ａ　　イ．コングロマリット　　ウ．アライアンス

問２． 下線部(b)を何というか，次のなかから適切なものを一つ選びなさい。
　　ア．シナジー効果　　イ．経験曲線効果　　ウ．クラウディング・アウト効果

9 次の文章を読み，問いに答えなさい。

　経済学者のシュンペーターは，既存の経営資源や生産方法の新しい組み合わせを考案して，商品やサービスの生産や販売を行う経済主体を　①　と呼んだ。こうした経済主体は，ヒト・モノ・カネ・情報をそれまでとは異なる方法で新結合し，新しいものを創造していくと考えた。これを，　②　という。

　また，シュンペーターは経済主体の多くは資金不足に陥っていることを指摘しており，銀行など金融機関の重要性についても言及している。金融機関が資金を供給することによって，経済主体は商品やサービスを生み出す機械装置や設備などを購入することが可能になる。

　わが国を代表する経営者である渋沢栄一は，こうした資金調達の重要性を理解しており，(a)銀行による資金調達の仕組みと(b)証券取引所で株式を売買することによる資金調達の仕組みなどを整備し，日本経済の成長に貢献した。

問1．文中の　①　に入る用語として，次のなかから適切なものを一つ選びなさい。

　ア．スタートアップ　　イ．ベンチャー　　ウ．企業家

問2．文中の　②　に入る用語として，次のなかから適切なものを一つ選びなさい。

　ア．マネジメント　　イ．イノベーション　　ウ．マーケティング

問3．下線部(a)と下線部(b)を表す用語の組み合わせとして，次のなかから適切なものを一つ選びなさい。

　ア．(a)直接金融・(b)間接金融

　イ．(a)間接金融・(b)直接金融

　ウ．(a)間接金融・(b)ベンチャーキャピタル

10 次の文章を読み，問いに答えなさい。

　製品を一定の数量にまとめて生産する方式をロット生産という。ロット生産では，過剰な在庫を保有することで発生するコストを考慮して，損失を減らして利益を上げるよう図らなければならない。例えば製品の需要が減少しているときは，ロットサイズを　　　　　　ことを検討する。

問1．文中の下線部の説明として，次のなかから適切なものを一つ選びなさい。

　ア．複数の製品を同一ラインで生産でき，効率的に多品種生産に対応することができる。

　イ．同じ製品を連続して生産することで，規模の経済によるコストダウンを目的としている。

　ウ．顧客からの要望に応え，一つひとつ仕様の異なる製品を生産する場合に適している。

問2．本文の主旨から，文中の　　　　　　に入る語句として適切なものを一つ選びなさい。

　ア．大きくする　　イ．小さくする　　ウ．短くする

11 次の文章を読み，問いに答えなさい。

　人的資源を労働市場から調達するにあたっては，最初に採用計画を立案し，採用人数や雇用形態を決定する。採用人数は必要な人員数から在籍している人員数を差し引いて計算し，雇用形態については，(a)正規雇用か非正規雇用かなどを決定する。このとき雇用を希望する人（求職者）に対して，(b)求人票を出すことが多い。求人票や採用面接などを実施する際は，求職者が抱くイメージと実態に差異が生じないよう，業務内容などについて，できうる限り現実に近い状況を示すことが大切である。

　実際に勤務を開始した後は，(c)日常業務を行いながら，上司や先輩などが必要な知識や技能などを教えたり，(d)研修所や会議室など日常業務から離れた場所で，講師などによる講義を行ったりして，さまざまな知識や技術を身につけさせていくことになる。

問1．下線部(a)の説明として，次のなかから適切なものを一つ選びなさい。
ア．雇用期間に定めがあり，短時間勤務が多いパートタイマーやアルバイトなどが該当する。

イ．雇用期間に定めがなく，フルタイムで勤務する雇用形態のことである。

ウ．雇用期間に定めがあり，フルタイムで勤務する契約社員や嘱託職員などが該当する。

問2．下線部(b)の記載事項として，次のなかから適切なものを一つ選びなさい。
ア．基本給　　　イ．賃金カーブ　　　ウ．賃金格差

問3．下線部(c)を何というか，次のなかから適切なものを一つ選びなさい。
ア．JIT　　　イ．OJT　　　ウ．ICT

問4．下線部(d)のメリットとして，次のなかから適切なものを一つ選びなさい。
ア．実践的な業務に関する知識を早く学べる。

イ．体系的な知識を学べる。

ウ．自ら能力開発目標を設定できる。

12 次の文章を読み，問いに答えなさい。

　賃金や給料は，従業員が関心をもち，不平や不満の種にもなりえる要素である。そのため人的資源のマネジメントにおいては，賃金水準を適正に設定しなければならない。

　賃金制度のうち，職務の遂行能力を基準として賃金や給料を決定することを　①　という。わが国では職務の遂行能力は勤続年数に応じて高くなるという仮定が採用されており，昇進や昇格などを加味しつつ，賃金水準が上がっていく制度が採用されている。

　一方，職務遂行の難しさや責任の重さ，作業条件などを考慮して賃金や給料を決定する場合がある。これを　②　といい，この制度を導入する際は，事前に職務分析（仕事の内容を明確にすること）と職務評価（仕事の大小を決定すること）の仕組みを構築することが必要になる。このとき職務の内容を適正に設計することによって，従業員の意欲・興味・関心といった　③　を高めることができる。また，職務の範囲を限定して繰り返し仕事をしていくことで，効率性を高められるという　④　の原則にもかなっている。ただし，従業員一人ひとりを細かく評価する必要があるため手間や時間がかかることや，従業員の組織への定着を図りにくいといった懸念を抱く企業もある。

問1．文中の　①　に入る用語として，次のなかから適切なものを一つ選びなさい。
　ア．職能給　　イ．時間給　　ウ．職務給

問2．文中の　②　に入る用語として，次のなかから適切なものを一つ選びなさい。
　ア．職能給　　イ．時間給　　ウ．職務給

問3．文中の　③　に入る用語として，次のなかから適切なものを一つ選びなさい。
　ア．外発的動機づけ　　イ．内発的動機づけ　　ウ．モラール

問4．文中の　④　に入る用語として，次のなかから適切なものを一つ選びなさい。
　ア．専門化　　イ．統制範囲　　ウ．権限と責任の一致

13 次の文章を読み，問いに答えなさい。

　生産管理を行ううえで，QCDという考え方がある。Qは品質(Quality)，Cはコスト(Cost)，Dは納期(Delivery)の意味である。

　品質の観点でみれば，仕様書どおりの機能や性能を満たしているかどうか，想定以上の(a)不良率になっていないかどうかなどを管理する。

　コストの観点でみれば，あらかじめ定められている基準以上に(b)製造原価が発生していないかどうか，原価低減への取り組みが行われているかどうかを管理する。

　納期の観点でみれば，あらかじめ定められている計画どおりに進捗しているかどうか，計画よりも遅れが生じている場合，どうやって納期に間に合わせるかといったことを管理する。

　生産管理においては，製造原価の低減や納期の遵守を優先させて，品質に問題が生じるようなことにならないよう，これら3つの観点のバランスに注意しなければならない。また，生産完了後は，(c)事前の計画を照合して問題点の有無などを検証し，改善点を次の生産管理に活用していくことが大事になる。

問1．下線部(a)の説明として，次のなかから適切なものを一つ選びなさい。
　ア．購入した原材料や部品のなかに，どれだけ不良品が混じっていたのかを表す比率である。
　イ．生産工程に投入した原材料に対して，どの程度仕損品が発生したのかを表す比率である。
　ウ．生産工程に投入した原材料に対して，どの程度完成品が発生したのかを表す比率である。

問2．下線部(b)の説明として，次のなかから適切なものを一つ選びなさい。
　ア．材料費・労務費・経費で構成される原価である。
　イ．材料費・労務費・製造間接費で構成される原価である。
　ウ．材料費・製造直接費・製造間接費で構成される原価である。

問3．下線部(c)を何というか，アルファベット4文字を補って正しい用語を完成させなさい。

14 次の文章を読み，問いに答えなさい。

　財務的資源のマネジメントにあたっては，資金の運用やリスクの軽減といった視点も必要になる。例えば余剰資金を金庫に保管するよりも，普通預金口座に預け入れたほうが，盗難や紛失のリスクは少なく，利息を得ることもできる。

　普通預金のほかにも定期預金や当座預金，投資信託といった金融商品があるが，とりわけ市場の状況によって価格が大きく変化する金融派生商品（デリバティブ）がある。金融派生商品をうまく活用することによって，リスクを軽減することが可能になる。

　例えば，今は手もとに資金がないためA株式会社の株式を購入することはできないが，1か月後に(a)賞与が入ってくるので，あらかじめ1か月後にA株式会社の株式を1株あたり1,000円で購入することを約束する取引ができる。この場合，A株式会社の株式が値上がりしていれば得をするが，値下がりしていても約束は守らなければならない。このように，(b)将来の一定期日の売買について，価格や数量などの条件を定めて，あらかじめ約束しておく金融派生商品がある。

　さらに，(c)通貨や株式，債券などについて，将来の一定の期日に，あらかじめ決めた価格で売買する権利を取引する金融派生商品がある。もし売買目的でA株式会社の株式を1株あたり1,000円で100株保有していたとき，その株式の株価が下落しそうだと思ったときには，あらかじめ「1か月後に1,200円でA株式会社の株式を売る権利」を購入しておく。もし1か月後に株価が900円に下落したときには，この「売る権利」を行使して，有価証券売却益を計上する。逆に1か月後に株価が1,400円に上昇したときは，「売る権利」を行使せず放棄すればよいことになる。

問1．下線部(a)の説明として，次のなかから適切なものを一つ選びなさい。
　ア．原則として所定労働時間の労働に対して支払われる対価であり，所定内給与の一つである。
　イ．原則として基本給の一部であり，おおむね年齢や勤続年数に応じて上昇していく。
　ウ．原則として所定外給与であり，定期の給与とは別に支払われるものである。

問2．下線部(b)を何というか，次のなかから適切なものを一つ選びなさい。
　ア．先物取引　　イ．スワップ取引　　ウ．投資信託

問3．下線部(c)を何というか，次のなかから適切なものを一つ選びなさい。
　ア．オプション取引　　イ．スワップ取引　　ウ．先物取引

15 次の文章を読み，問いに答えなさい。

　新たに事業を始める場合，次のようなプロセスをたどることが多い。最初にビジネスに関するアイデア（ビジネスアイデア）を発案したり，取捨選択したりする。次にそうしたアイデアを実現するためのビジネスプランを立案し，その検証を行う。そのうえで(a)顧客に対してどのような価値を提供して，どのように収益を獲得するのかといったモデルを構築することになる。

　こうしたアイデアの創出や取捨選択，ビジネスプランの立案，モデルの構築を経て，(b)手がける事業の魅力や将来性を，金融機関や投資家などに伝達するための書類を作成する。この書類には，資金調達の方法や市場の分析，大まかな売上高の予想や収支予想なども記載しておくとよい。

問１． 下線部(a)を何というか，次のなかから適切なものを一つ選びなさい。
　　ア．広告モデル　　　イ．ビジネスモデル　　　ウ．ライセンスモデル

問２． 下線部(b)を何というか，漢字４文字を補って正しい用語を完成させなさい。

16 次の文章を読み，問いに答えなさい。

　組織において，マネジメントを遂行する人のことをマネージャーという。このマネージャーの仕事について，フランスの経営学者アンリ・ファヨールは，マネジメントの内容を技術活動・商業活動・財務活動・保全活動・会計活動・管理活動の６つに分類した。とりわけファヨールは管理活動を重視し，次のように細分化している。

　① 予測：将来を予測して計画を立案する
　② 組織化：企業の組織を適正なかたちに構築して業務を割り振る
　③ 命令：業務を指示する
　④ 　① 　：それぞれの業務で調和がとれるようにする
　⑤ 　② 　：計画どおりに業務が遂行されるよう監視・修正する

　これら５つの要素が循環しながら管理活動は行われているとファヨールは考えた。こうしたファヨールの学説を総称して，管理過程理論という。

問１． 文中の　① 　に入る用語として，次のなかから適切なものを一つ選びなさい。
　　ア．調合　　イ．調査　　ウ．調整

問２． 文中の　② 　に入る用語として，次のなかから適切なものを一つ選びなさい。
　　ア．統括　　イ．統率　　ウ．統制

17 次の文章を読み，問いに答えなさい。

　企業は人的資源のマネジメントにおいて，従業員の労働環境に配慮する責任がある。(a)労働条件における最低限守るべき基準を定めた法律はあるが，そうした法律を遵守することはもちろんのこと，(b)他者に対する発言や行動などで相手を不快にさせたり，尊厳を傷つけたり，不利益を与えたりする行為の防止にも努めなければならない。仕事と生活の調和を目指すワーク・ライフ・バランスや，さまざまな価値観や宗教，国籍，文化をもつ従業員の多様性を尊重する姿勢など，必ずしもすべてが法律で定められてはいないが，企業倫理の観点から，働きやすい職場環境の維持に努める必要がある。こうした取り組みの結果，職場が活性化し，優秀な人材の確保につながるほか，社会的なイメージが向上して，企業価値も高くなると考えられている。

問1． 下線部(a)の法律を何というか，次のなかから適切なものを一つ選びなさい。

　ア．労働基準法　　イ．労働者派遣法　　ウ．労働契約法

問2． 下線部(b)を何というか，カタカナ6文字で正しい用語を記入しなさい。

18 次の文章を読み，問いに答えなさい。

　1936(昭和11)年にアメリカで公開されたチャールズ・チャップリンによる映画『モダン・タイムス』では，ベルトコンベアを流れる部品の加工作業を続ける主人公が，次第に精神的に追い詰められていく様子が描かれている。この映画で描かれたように，大量生産の仕組みが導入されたことで生産の効率性が高まった一方，従業員のやりがいや生きがい，モチベーションの向上といった観点からは，単純作業の反復にはさまざまな課題があった。

　そこで，(a)部品の組み立てから完成まで複数の工程を，1人あるいは少人数で担当する生産方式が注目されている。この生産方式では多品種少量生産が可能になるほか，1人の従業員が担当する仕事の内容が拡大することで，モチベーションの向上が図りやすいというメリットがある。

　企業のマネジメントにおいては，こうした生産方式を導入したり，従業員が企業全体の意思決定に参加できる制度を設けたりするなどして，企業全体の活性化を図らなければならない。特に，いったん採用された組織形態が固定化されると，企業内の(b)それぞれの部門で共有している価値観や行動様式が発達して部門間のコミュニケーションが不足し，企業全体が停滞することがある。そうした事態を防ぐために，柔軟に組織形態を見直したり，社内のコミュニケーションツールを整備したりする必要がある。

問1． 下線部(a)を何というか，次のなかから適切なものを一つ選びなさい。

　ア．大量生産方式　　イ．ライン生産方式　　ウ．セル生産方式

問2． 下線部(b)を何というか，次のなかから適切なものを一つ選びなさい。

　ア．組織文化　　イ．経営理念　　ウ．ミッション

第4回
商業経済検定試験問題
〔ビジネス・マネジメント〕

解答上の注意

1．この問題のページはp.132からp.144までです。

2．解答はすべて別紙解答用紙(p.151)に記入しなさい。

3．問題用紙の表紙に受験番号を記入しなさい。

4．文字または数字で記入するもの以外はすべて記号で答えなさい。

5．計算用具などの持ち込みはできません。

6．制限時間は50分です。

1 次の文章を読み，問いに答えなさい。

　日本の企業を支えてきた銀行の役割は大きい。第二次世界大戦後，企業の財務基盤は脆弱になり，また資金に余裕がある投資家も多くは存在していなかったので，株式や社債の発行による資金調達は難しい状況にあった。そこで，多くの企業は(a)銀行からの借入金に依存するようになった。そうしたなか，(b)資金を融通するだけでなく，経営成績が悪化した場合には銀行員を派遣したり追加の融資を行ったりする主力となる銀行の存在が慣行化してくる。この慣行は，企業の経営の安定化や経営危機からの復活に役立ち，わが国の経済成長を支えた。

問1．下線部(a)の説明として，次のなかから適切なものを一つ選びなさい。
　ア．間接金融のことであり，企業は銀行に元本と利息を支払うことになる。
　イ．間接金融のことであり，企業は銀行に配当金を支払うことになる。
　ウ．直接金融のことであり，企業は銀行に元本と利息を支払うことになる。

問2．下線部(b)を何というか，カタカナ6文字を補って正しい用語を完成させなさい。

2 次の文章を読み，問いに答えなさい。

　アダム・スミスは著書『国富論』のなかで，ピンの製造にあたり，1人ですべての工程を担当するのではなく，10人で製造工程を分業化することで，1日に48,000本のピンを製造できることを紹介し，分業のメリットについて言及した。この考え方は，18世紀にイギリスで誕生した近代的な工場にさっそく導入され，工場の生産性は著しく向上した。

　さらに産業革命によって機械化が進行すると，(a)作業の指示を出す人と，その指示を受けて実際の作業に専念する人に階層が分かれ，役割を分担するようになった。

　ただし，分業化が進みすぎて作業が細分化されると，従業員のモチベーション低下やコミュニケーションの劣化などにつながるというデメリットがある。そこで，(b)1人あるいは数人で，すべての工程を担当する生産方式も注目されている。

問1．下線部(a)を何というか，次のなかから適切なものを一つ選びなさい。
　ア．水平的分業　　イ．垂直的分業　　ウ．並行分業

問2．下線部(b)を何というか，次のなかから適切なものを一つ選びなさい。
　ア．連続生産　　イ．ロット生産　　ウ．セル生産方式

3 次の文章を読み，問いに答えなさい。

一定の組織を率いる(a)リーダーのふるまいや能力は，その組織の生産性に大きな影響を与える。これには，管理者が一方的に指示や命令を出す権威主義的なものや，意思決定に従業員も参加する参加的なものなどがある。いずれであっても適切な目標を設定し，職務を適切に割り振り，(b)動機づけを高めることが必要である。

問１．下線部(a)を何というか，カタカナ7文字で正しい用語を記入しなさい。

問２．下線部(b)について，報酬や懲罰などによって動機づけを高めることを何というか，次のなかから適切なものを一つ選びなさい。
　　ア．内発的動機づけ　　　イ．外発的動機づけ　　　ウ．動機づけ要因

4 次の文章を読み，問いに答えなさい。

業種や業態，競争の状況などによって，さまざまな組織形態の企業が存在する。最初に成立した組織形態は，研究開発・生産・販売など業務内容ごとに部門化がなされた機能別組織である。しかし，企業の規模が大きくなり，取り扱う商品が増加すると，迅速な意思決定が難しくなってくる。そこで地域別あるいは商品別などに事業部を設定する事業部制組織が採用されるようになった。しかし，事業部制組織にも経営資源の二重保有や短期的な業績主義といった弊害があるため，(a)機能別組織と事業部制組織を組み合わせて，従業員は機能別と事業別それぞれの上司から指示を受ける組織形態が考案された。ただし，この組織形態は命令統一性の原則（命令一元化の法則）に反しているため，(b)対立や軋轢が発生しやすいという欠点がある。

また，(c)経営者から末端の従業員まで一直線の指揮命令系統が貫かれている組織と，人事部や経理部，総務部といった専門的な知識で助言や援助を行う組織を組み合わせた組織形態も考案され，多くの企業で取り入れられている。

問１．下線部(a)を何というか，次のなかから適切なものを一つ選びなさい。
　　ア．プロジェクト組織　　　イ．カンパニー制組織　　　ウ．マトリックス組織

問２．下線部(b)を何というか，次のなかから適切なものを一つ選びなさい。
　　ア．コンフリクト　　　イ．ブランディング　　　ウ．ステークホルダー

問３．下線部(c)の説明として，次のなかから適切なものを一つ選びなさい。
　　ア．ライン・アンド・スタッフ組織のことで，一直線の指揮命令系統が貫かれている組織がライン組織で，助言や援助を行う組織がスタッフ組織である。
　　イ．カンパニー制組織のことで，一直線の指揮命令系統が貫かれている組織がスタッフ組織で，助言や援助を行う組織がライン組織である。
　　ウ．ライン・アンド・スタッフ組織のことで，一直線の指揮命令系統が貫かれている組織がスタッフ組織で，助言や援助を行う組織がライン組織である。

5 次の文章を読み，問いに答えなさい。

　企業の外部環境や内部環境のさまざまな情報を整理するために，(a)外部環境をプラスの要因（機会）とマイナスの要因（脅威），内部環境を長所（強み）と短所（弱み）の４つに分けるフレームワークがある。

　このフレームワークにそって情報を整理した後は，次にとるべき行動（アクション・プラン）や経営戦略の立案につなげていく。例えば，(b)機会と強みを組み合わせることで，経営資源の活用方法も方向性が定まることになる。

問１．下線部(a)を何というか，次のなかから適切なものを一つ選びなさい。
　　ア．３Ｃ分析　　イ．VRIO分析　　ウ．SWOT分析

問２．下線部(b)の説明として，次のなかから適切なものを一つ選びなさい。
　　ア．機会をとらえて強みを活用するために，強みをもつ分野に経営資源を積極的に投入することが望ましい。
　　イ．自社にとってリスクの高い領域が明らかになるため，防衛的な戦略を立案する観点から，経営資源の積極的な投入は行わないことが望ましい。
　　ウ．自社にとっては弱みの克服が課題となるため，弱点となっている分野に経営資源を投入することが望ましい。

6 次の文章を読み，問いに答えなさい。

　企業における人的資源のマネジメントにあたっては，従業員の個人レベルでの動機づけや(a)集団レベルでの動機づけが大切になる。

　これらを高めるためには，マズローが提唱した５つの欲求階層説のうち，尊厳欲求や(b)自己実現欲求を従業員が充足できるように配慮しなければならない。また，従業員の健康に配慮した健康経営を推進する観点から，メンタルヘルス対策や過労死の予防などにも努める必要がある。

問１．下線部(a)を何というか，次のなかから適切なものを一つ選びなさい。
　　ア．モラール　　イ．ニーズ　　ウ．ウォンツ

問２．下線部(b)の説明として，次のなかから適切なものを一つ選びなさい。
　　ア．自分の能力や資質を発揮して，自己を理想像に向けて完成させていきたいという最高次の欲求である。そのために，職務の充実や職務の拡大を図るとともに，自律的な集団を形成していくなどの方策がある。
　　イ．自分が所属する集団などから認められたいという欲求である。そのために，作業の細分化・標準化・単純化・機械化を推進し，管理者の監督や指導を強化するなどの方策がとられる。
　　ウ．経済的に安定した環境で過ごしたいとする欲求である。そのために，動作や作業の科学的な研究によって定められた仕事量（課業）を提示し，部下に指示を出す方策が有効である。

7 次の文章を読み，問いに答えなさい。

　企業を取り巻く環境のうち，コントロールが難しいものを外部環境という。外部環境は，企業にとって働きかけそのものができないマクロ環境と，ある程度は働きかけができるミクロ環境の2種類に分けられる。

　外部マクロ環境については，(a)政治的要因・経済的要因・社会的要因・技術的要因の4つに分類して分析するフレームワークを用いると，情報が整理されて，状況を把握しやすくなる。

　外部ミクロ環境については，マイケル・ポーターが提唱したファイブフォース分析を用いると，状況が把握しやすくなる。これは，新規参入の脅威・売り手の交渉力・代替品の脅威・(b)買い手の交渉力・(c)既存の同業者との競合の5つの視点で，外部ミクロ環境を把握するフレームワークである。例えば，少子高齢化や消費者のライフスタイルの変化は，働きかけそのものが不可能に近いので外部マクロ環境となるが，売り手の交渉力や買い手の交渉力などについては，働きかけそのものはできるので，外部ミクロ環境に分類される。

問1．下線部(a)を何というか，次のなかから適切なものを一つ選びなさい。
　ア．PEST分析　　イ．VRIO分析　　ウ．3C分析

問2．下線部(b)の説明として，次のなかから適切なものを一つ選びなさい。
　ア．自社にとって，原材料や部品などの仕入先の交渉力のことで，この交渉力が強い場合，割高な原材料であっても購入せざるを得ないため，収益性は低下することになる。
　イ．自社にとって，競合他社の交渉力のことで，他社の製品が自社製品よりも魅力的だと顧客に受け入れられた場合，売上高や利益は大幅に減少することになる。
　ウ．自社にとって，顧客や得意先の交渉力の強さのことで，この交渉力が強い場合，値下げ等を要求されるため，収益性が低下することになる。

問3．下線部(c)の説明として，次のなかから適切なものを一つ選びなさい。
　ア．市場の規模に変化がない場合，競合する企業の数が減少すると，競争は激しくなる。
　イ．市場の成長率が低く，同一規模の企業が多い場合には，競争は激しくなる。
　ウ．競合する企業の数に変化がなくても，市場そのものが成長すると競争は激しくなる。

8 次の文章を読み，問いに答えなさい。

　企業が取りうる戦略は，業種や業態，経営方針などによってさまざまなものがあるが，マイケル・ポーターは基本的な戦略として次の3つを提唱した。製造原価を低くする仕組みを構築して利益を生み出す戦略，競合他社と差別化を図ることで特別な価値を認めてもらう戦略，そして特定の顧客や地域に経営資源を集中させる戦略である。

　例えば，(a)最新の流行を取り入れながら，比較的安価なファストファッションと呼ばれる衣料品を展開する企業では，企画から製造，販売までを自社で一貫して行う製造小売業という体制を構築して製品を大量に生産することで，低価格販売を実現している。これに対し，セレクトショップと呼ばれる業態では，複数の仕入先から商品を少量ずつ仕入れている。販売価格は比較的高いものの，さまざまなブランドの商品を販売し，顧客のニーズに応えている。

　一方，(b)工場や工事現場などで働く職人を対象として，機能性が高く現場作業がしやすい製品を販売している企業もある。この企業は作業服などの専門店として全国的に有名だが，最近では作業服の製造で培った高機能性を，カジュアルな衣料品の製造に導入して新たなブランドを展開し，独自の価値を顧客に提供するようにもなっている。

問1．下線部(a)の戦略を何というか，次のなかから適切なものを一つ選びなさい。
　　ア．コスト・リーダーシップ戦略　　イ．差別化戦略　　ウ．ブルー・オーシャン戦略

問2．下線部(b)の戦略を何というか，次のなかから適切なものを一つ選びなさい。
　　ア．コスト・リーダーシップ戦略　　イ．ブランド戦略　　ウ．集中戦略

9 次の文章を読み，問いに答えなさい。

　ECサイトを運営するA社は，世界各地に物流センターを設置することで，インターネット上で受注した当日か翌日に商品を配送するクイック・デリバリーや，現実の店舗の数百倍の品揃えなどを可能にした。こうした仕組みは，同社の収益を支える中核的な能力となっている。

　また，同社では全体の約20％を構成する売れ筋商品が売上高の約80％を占めるという従来のビジネスモデルとは異なり，ニッチな商品の売上高を集積して，莫大な売上高を計上するビジネスモデルを構築した。これは，縦軸に販売数量，横軸に取扱商品をとったグラフを描くと，ニッチな商品の売上高が恐竜の尾のように長く続く形状になることから，　　　　　　と呼ばれている。

問1．文中の下線部が表すものを何というか，次のなかから適切なものを一つ選びなさい。
　　ア．ダイナミック・ケイパビリティ　　イ．コア・コンピタンス　　ウ．アニマル・スピリット

問2．文中の　　　　　　に入る用語として，次のなかから適切なものを一つ選びなさい。
　　ア．クローズ戦略　　イ．ロングテール戦略　　ウ．オムニチャネル戦略

10 次の文章を読み，問いに答えなさい。

経営学者のドラッカーは，マネジメントを「組織に成果をあげさせるための道具・機能・機関」と定義した。したがって，経営戦略も組織形態も組織に成果をあげさせるためのものなので，(a)マネジメントの一つということになる。ドラッカーはまた，企業を含めたあらゆる組織は社会の機関として位置づけ，市民社会や消費者などのニーズに対応することが，企業の使命であると考えた。つまり，企業は社会のさまざまな利害関係者のニーズを充足することで成果(利益)を獲得し，その手助けをするのがマネジメントということになる。このとき企業が「社会に対してどう役に立つか」，「社会全体のなかでどういう役割を果たすべきか」といったことを文章で表したものが　　　　　　となる。ビジネスを100年以上継続している老舗の企業は，見方をかえれば100年以上にわたり利害関係者のニーズに応え，成果(利益)を獲得してきたことを意味している。

企業にとって，最初に向き合う利害関係者は，「顧客」であり，この「顧客」のニーズに対応することが最初の目的となる。そこで，ドラッカーは「顧客の創造」という考え方を提唱し，顧客を生み出すものとして企業に必要なのがマーケティングと(b)イノベーションであり，マーケティングとイノベーションを調整あるいはコントロールすることがマネジメントの役割と位置づけた。

問１． 下線部(a)を担当する人を何というか，次のなかから適切なものを一つ選びなさい。

ア．トレーダー　　イ．マネージャー　　ウ．企業家

問２． 文中の　　　　　　にあてはまる用語として，次のなかから適切なものを一つ選びなさい。

ア．就業規則　　イ．共通価値　　ウ．経営理念

問３． 下線部(b)の説明として，次のなかから適切なものを一つ選びなさい。

ア．技術革新や新しい商品の開発，市場の開拓や新しいビジネスモデルの考案などによって，社会的な価値を生み出していくこと。

イ．製品政策・価格政策・チャネル政策・プロモーション政策のそれぞれのバランスを取りながら，商品やサービスが売れる仕組みを構築すること。

ウ．企業がもつ中核的な能力を，時代の変化や環境の変化に応じて，新たな中核能力へ変革できること，あるいはその能力のことをいう。

11 次の文章を読み，問いに答えなさい。

　部品の調達を考えるとき，部品を製造している別の企業から部品を調達する場合と，自社で部品を製造する場合がある。このとき部品を別の企業から調達することを　①　といい，自社で製造することを　②　という。調達するべきか，自社で製造するべきかについては，どちらのほうが製造原価が安くなるのかということや，取引相手を探索する手間や時間，契約を締結するさいの事務処理などを総合した費用で決定する。

問1．文中の　①　に入る用語として，次のなかから適切なものを一つ選びなさい。
　　ア．外注　　イ．内製　　ウ．系列化

問2．文中の　②　に入る用語として，次のなかから適切なものを一つ選びなさい。
　　ア．外注　　イ．内製　　ウ．系列化

問3．文中の下線部の説明として，次のなかから適切なものを一つ選びなさい。
　　ア．取引費用あるいは取引コストと呼ばれるもので，これを最小化するために取引の形態が決まると考える。
　　イ．取引費用あるいは取引コストと呼ばれるもので，これを最大化するために取引の形態が決まると考える。
　　ウ．取引費用あるいは取引コストと呼ばれるもので，こうした費用が発生しない系列取引が一番望ましいという結論になる。

12 次の文章を読み，問いに答えなさい。

　臨時に特定のビジネスプランを実行するための組織を設置して，所定の期日までに実行することがある。これをプロジェクトといい，プロジェクト管理の手法でマネジメントが行われる。このとき形成される組織を(a)プロジェクト組織という。プロジェクト組織においては，先に目標を明確にした後，必要な課題を洗い出し，スケジュールを確定してから，プロジェクトを開始する。さらに，予算管理や品質管理，(b)日程管理を行いながら，必要に応じて進捗報告書を作成する。そして，プロジェクトの完了後は事後評価を行う。

問1．下線部(a)の説明として，次のなかから適切なものを一つ選びなさい。
　　ア．必要な人員を他の部署から招集し，プロジェクト完了後もプロジェクト組織は残存する。
　　イ．必要な人員を他の部署から招集し，プロジェクト完了後，プロジェクト組織は解散する。
　　ウ．必要な人員はすべて人材派遣会社から招集し，プロジェクト完了後は正規雇用とする。

問2．下線部(b)に用いられる手法として，次のなかから適切なものを一つ選びなさい。
　　ア．マンダラート　　イ．PERT図　　ウ．行動プログラム

13 次の文章を読み，問いに答えなさい。

　企業外部の経営資源を活用するために，企業同士が提携またはアライアンスを結ぶことがある。製造委託契約などを締結したうえで，生産工程の一部を共用したり委託したりする生産提携も，その一つである。これは家庭用電気製品や自動車，コンピュータなどブランド・イメージが重視される消費財でしばしばみられる形態で，(a)相手企業のブランドの商品を生産して供給することもよく行われる。

　また，総合スーパーなどがプライベート・ブランドの商品を生産する場合に，生産活動を外部のメーカーに委託することも，生産提携の一種である。

　提携には，研究開発の成果やノウハウなどを契約によって他の企業に提供する場合もあり，これを技術提携という。場合によっては，複数の企業が新しい商品やサービスを共同開発することもある。また，ライセンス契約を締結して，特許権や実用新案権などを他の企業に提供し，(b)権利使用料を得ることもある。こうした仕組みで収益を上げるビジネスモデルを，ライセンスモデルという。

問１．下線部(a)を何というか，次のなかから適切なものを一つ選びなさい。
　　ア．消耗品モデル　　イ．ロット生産　　ウ．OEM供給

問２．下線部(b)を何というか，次のなかから適切なものを一つ選びなさい。
　　ア．ロイヤリティ　　イ．アカウンタビリティ　　ウ．エクイティ

14 次の文章を読み，問いに答えなさい。

　企業間連携やM＆A，持株会社による企業再編など，企業の経営戦略にはさまざまな手法があるが，これらは(a)規模の経済と呼ばれる効果と，範囲の経済と呼ばれる(b)複数の事業を展開したときにみられる効果のバランスによって，最適な形態が決定される。石油化学業や鉄鋼業など巨額の固定資産が必要になる業種では，規模の経済による効果を重点的に追及する傾向がある。

問１．下線部(a)の説明として，次のなかから適切なものを一つ選びなさい。
　　ア．生産量が増加するにつれて，製品１単位あたりの製造原価が逓減していく効果。
　　イ．生産量が増加するにつれて，製品１単位あたりの製造原価が逓増していく効果。
　　ウ．生産量が減少するにつれて，製品１単位あたりの製造原価が逓減していく効果。

問２．下線部(b)の説明として，次のなかから適切なものを一つ選びなさい。
　　ア．さまざまな事業が併存することで，製造原価が逓減する効果のことをいう。
　　イ．さまざまな事業を手がけることで，企業がコングロマリット化することをいう。
　　ウ．さまざまな事業を手がけることで，シナジー効果が発揮されることをいう。

15 次の会話文と資料を読み，問いに答えなさい。

Aさん「財務的資源のマネジメントを行うためには，損益計算書や貸借対照表など財務諸表を分析する必要がありそうです」

先生　「財務分析といってもさまざまな方法があるけれど，(a)どれだけ効率的に利益を生み出せるのか，(b)将来の業績はどの程度になりそうか，(c)企業の財務基盤がどの程度安定しているのかの3つをみる分析に分けられるよ」

Aさん「例えば，次のような大阪商店の貸借対照表と損益計算書を入手しました。これだけで何かわかるでしょうか」

〈資　料〉

貸　借　対　照　表

大阪商店　　　　　　　　　令和○年12月31日　　　　　　　　（単位：円）

資　　　産	金　　額	負債及び純資産	金　　額
流　動　資　産	2,000,000	流　動　負　債	1,000,000
固　定　資　産	1,000,000	固　定　負　債	500,000
		資　　本　　金	1,500,000
	3,000,000		3,000,000

損　益　計　算　書

大阪商店　　　令和○年1月1日から令和○年12月31日まで　　　（単位：円）

費　　　用	金　　額	収　　　益	金　　額
売　上　原　価	600,000	売　　上　　高	1,000,000
法　人　税　等	100,000		
当　期　純　利　益	300,000		
	1,000,000		1,000,000

先生「流動比率が200％で自己資本比率は ① ％だから，財務基盤は安定しているといえそうだね。また，税引後の当期純利益を分子にとるとROEは ② ％でROAは10％，さらに売上高総利益率は40％だから，効率的に利益を獲得しているといえるんじゃないかな」

問1．下線部(a)・(b)・(c)の用語の組み合わせとして，次のなかから適切なものを一つ選びなさい。

ア．(a)安全性・(b)成長性・(c)収益性

イ．(a)収益性・(b)成長性・(c)安全性

ウ．(a)収益性・(b)安全性・(c)成長性

問2．文中の ① と ② に入る数値の組み合わせとして，次のなかから適切なものを一つ選びなさい。

ア．①75・②20　　イ．①50・②30　　ウ．①50・②20

16 次の文章を読み，問いに答えなさい。

　企業は利害関係者からの信用を維持するために，適正な経営や事業運営を行い，経営を律する仕組みを整えておく必要がある。これを企業統治（コーポレート・ガバナンス）といい，従業員が守るべき規範や手続き（内部統制システム），監査役による職務執行の監査，株主総会による取締役の選任や解任など，さまざまな仕組みがある。

　また，(a)社内で違法な行為や不適正な行為が行われていたときに従業員が報告できる制度や，企業の内部から昇格した取締役だけではなく，(b)企業外部出身の取締役を設置すること，利害関係者に対する詳細な情報開示（ディスクロージャー）なども，企業の業務が適正に行われるための具体的な取り組みとなる。

問１．下線部(a)を何というか，次のなかから適切なものを一つ選びなさい。
　ア．内部通報制度　　イ．メンタルヘルス対策　　ウ．個人情報保護制度

問２．下線部(b)を何というか，漢字５文字で正しい用語を記入しなさい。

17 次の文章を読み，問いに答えなさい。

　日本の自動車メーカーが考案した生産方式に，(a)「必要なものを，必要な時に必要な量だけ生産し，供給する」というシステムがある。在庫を圧縮する仕組みとして知られるが，一言でいえば「ムダ」を極力なくす生産方法である。

　この生産方式では，連続する複数の工程において，後工程が部品を使用したら，前工程に必要な数を発注し，前工程はそれを受けて部品を生産して後工程に届けるという体制が構築されている。このとき「かんばん」という生産指示書で後工程が前工程に部品の発注を行うため，「かんばん方式」と呼ばれており，後工程が必要とする分だけ生産するため，余計な在庫が発生しない。

　ただし，この方法を採用することで過剰な在庫は防止できるが，工場全体の生産数量を増加できるとは限らない。工場全体の生産数量を増加させたい場合は，(b)全体の生産数量を制約している工程を発見して，改善を図らなければならない。例えば第１工程・第２工程・第３工程という３つの連続する工程があり，１時間あたりの生産能力が第１工程は80個，第２工程は40個，第３工程は70個の場合，工場全体の生産数量を制約しているのは第２工程であることがわかる。このとき第２工程の生産能力を改善したり，稼働時間を延ばしたりといった工夫をすれば，工場全体の生産数量は増加していくことになる。逆に第２工程に対して改善措置をとらなければ，第１工程が製造した仕掛品が第２工程で滞留して，余計な在庫が積みあがることになる。

問１．下線(a)を何というか，次のなかから適切なものを一つ選びなさい。
　ア．ベンチマーキング　　イ．ジャスト・イン・タイム　　ウ．シックスシグマ

問２．下線部(b)を何というか，次のなかから適切なものを一つ選びなさい。
　ア．ボトルネック　　イ．ロットサイズ　　ウ．リードタイム

18 次の文章を読み，問いに答えなさい。

　わが国の高度経済成長は，家族的で集団主義的な日本的経営の特徴が寄与した部分が大きいと考えられている。とりわけ，(a)正規雇用した従業員を定年まで雇用する制度や，(b)勤続年数に応じて賃金水準が上昇する制度，(c)労働組合，(d)起案者が作成した書類を関係する管理者が順に回覧して押印し，最終的に最高管理者が了承する制度などが特徴的である。

　しかし，(e)ヒト・モノ・カネ・情報が国境を越えて移動する時代になると，こうした従来の制度が適さない場面も多くみられるようになっていった。そのため，正規雇用ではなく非正規雇用の従業員を増やしたり，(f)成果主義を導入して責任の明確化を図ったりする企業も増えている。また，情報通信技術などを活用して，意思決定の迅速化を図る動きもみられる。

問１．下線部(a)を何というか，次のなかから適切なものを一つ選びなさい。
　　ア．終身雇用　　イ．臨時雇用　　ウ．有期雇用

問２．下線部(b)を何というか，次のなかから適切なものを一つ選びなさい。
　　ア．年俸型賃金　　イ．年功序列型賃金　　ウ．時間給型賃金

問３．下線部(c)の説明として，次のなかから適切なものを一つ選びなさい。
　　ア．わが国の労使交渉は，企業単位で構成される労働組合が中心で，企業の継続性や成長性などを考慮した労使協調を行いやすい。
　　イ．わが国の労使交渉は，複数の企業別組合で構成される産業別労働組合が中心で，経営者と対立することによって，要求を実現させやすい。
　　ウ．わが国の労使交渉は，同じ職種に従事する労働者による職種別労働組合が中心になることが多く，特定の職種の利益を確保するのに有利である。

問４．下線部(d)を何というか，次のなかから適切なものを一つ選びなさい。
　　ア．自己申告制度　　イ．内部統制制度　　ウ．稟議制度

問５．下線部(e)のような状態を何というか，カタカナ５文字を補って正しい用語を完成させなさい。

問６．下線部(f)の説明として，次のなかから適切なものを一つ選びなさい。
　　ア．従業員の生活に要する諸費用を考慮して賃金を決定する仕組みのことである。
　　イ．経常利益など経営の成果を一定の基準で，労使で配分する仕組みのことである。
　　ウ．賃金水準などを業務の結果や業績などに応じて決定する仕組みのことである。

19 次の文章を読み，問いに答えなさい。

　企業内部の知識やノウハウ，知恵といった情報的資源を，企業全体の情報資産に変えていくマネジメントをナレッジ・マネジメントという。ナレッジ・マネジメントでは，(a)文章や数値などでは表現されていない情報的資源を，言語によって伝達できる情報的資源に(b)変換し，循環させることで新たな知識を創造するプロセスを，企業内に取り入れることが重要となる。例えば飲食店の料理がシェフの「勘」で調理されていた場合，それをレシピにまとめる作業が挙げられる。いったんレシピにまとめられた情報的資源は，他のレシピと組み合わせて新たな料理を生み出す可能性がある。これを連結化という。

　こうした連結化の仕組みを取り込んだ手法に，文化人類学者の川喜田二郎が発案した　　　　　　　がある。これはアイデアや知見をカードや付せんに書き出してグループ化していき，新たなアイデアや知見を生み出す方法である。言語によって伝達できる情報的資源を組み合わせた知識を創造する手法といえる。

問１． 下線部(a)を何というか，次のなかから適切なものを一つ選びなさい。
　ア．形式知　　イ．暗黙知　　ウ．集合知

問２． 下線部(b)を何というか，次のなかから適切なものを一つ選びなさい。
　ア．SECIモデル　　イ．フリーミアム　　ウ．PDCAサイクル

問３． 文中の　　　　　　　に入る用語として，次のなかから適切なものを一つ選びなさい。
　ア．ブレーンストーミング　　イ．KJ法　　ウ．ベンチマーキング

20 次の文章を読み，問いに答えなさい。

　1960年代のアメリカでは，M&Aを繰り返した結果，複数の異なる業種を展開するコングロマリットと呼ばれる企業が多数存在していた。異なる業種を展開しているのでリスクの分散は行われていたが，あまりにも異質な業種と業種では相乗効果も期待していたほど生まれていなかった。そこで，1970年代にPPM（プロダクト・ポートフォリオ・マネジメント）と呼ばれる手法で，どの事業に力を入れて（選択），どの程度の経営資源を投入するべきか（集中）を決定する企業が増加した。

　PPMでは，グラフの縦軸に市場成長率，横軸に市場占有率をとり，4つの象限に分割する。そして，それぞれの象限に自社が手がけている事業をグルーピングして戦略を練ることになる。このとき市場成長率が高い事業ほど投資するべき資金が多額にのぼり，市場占有率が高いほど獲得できる資金が多額になるという仮定を置いている。

　例えば市場成長率も市場占有率も低い事業は(a)負け犬に分類され，市場占有率は低いが市場成長率は高い事業は(b)問題児に分類される。そして，市場成長率も市場占有率も高い事業が花形で，市場成長率は低いが市場占有率は高い事業が金のなる木となる。

　こうしたPPMの考え方は，事業の整理や統合に役立った半面，(c)いくつかの欠点も指摘されている。

問1．下線部(a)の説明として，次のなかから適切なものを一つ選びなさい。

ア．市場成長率が低い事業なので，投資するべき資金は少なく済み，少額の利益を獲得できる事業として，今後も継続していくべきである。

イ．市場占有率が低いため獲得できる資金は少ないが，追加的に資金を投入することによって，再び花形事業になる可能性が高い。

ウ．投資するべき資金も獲得できる資金も少ない事業であるため，将来性を考えると撤退を考慮することが合理的と考えられる。

問2．下線部(b)の説明として，次のなかから適切なものを一つ選びなさい。

ア．将来性が有望な市場であるにもかかわらず，競合他社との競争には負けている事業であり，問題児をどのようにして花形事業に育成するのかがマネジメントの課題である。

イ．将来性は有望だが，市場占有率が低い事業であるため，資金を追加的に投資する必要性を認めにくい。したがって早期に撤退するべき事業である。

ウ．問題児に相当するすべての事業が花形になると予想されるため，すべての問題児に相当する事業には多額の資金を投資するべきである。

問3．下線部(c)の説明として，次のなかから適切なものを一つ選びなさい。

ア．市場占有率を客観的に測定できる方法がないこと

イ．新しく生み出される市場については，市場成長率を測定できないこと

ウ．問題児を花形に育成することは実際には不可能であること

ビジネス・マネジメント解答用紙

得点

1	問1	問2

2	問1	問2	問3

3	問1	問2	問3

4	問1	問2

5	問1	問2	問3	問4

6	問1	問2

7	問1	問2	問3	問4

8	問1		問2
		管理法	

9	問1	問2

10	問1	問2

11	問1	問2	問3

12	問1	問2

13	問1	問2	問3	問4

14	問1	問2	問3	問4	問5

15	問1	問2	問3

16	問1	問2	問3

17	問1	問2
		法

18	問1	問2

受験番号		名	
組　No.		前	

総得点

ビジネス・マネジメント解答用紙

得点

①	問1	問2	問3	問4

②	問1	問2

③	問1	問2	問3

④	問1	問2

⑤	問1	問2	問3

⑥	問1	問2

⑦	問1	問2	問3

⑧	問1	問2	問3

⑨	問1	問2	問3

⑩	問1	問2	問3

⑪	問1	問2	問3

⑫	問1	問2

⑬	問1	問2

⑭	問1	問2	問3

⑮	問1	問2

⑯	問1	問2	問3	問4

⑰	問1	問2

⑱	問1	問2
		戦略

⑲	問1	問2

受験番号		名	
組　No.		前	

総得点	

147

ビジネス・マネジメント解答用紙

得点

①	問1	問2	問3

②	問1	問2	問3

③	問1	問2	問3

④	問1	問2

⑤	問1	問2	問3

⑥	問1	問2	問3

⑦	問1	問2	問3	問4

⑧	問1	問2

⑨	問1	問2	問3

⑩	問1	問2

⑪	問1	問2	問3	問4

⑫	問1	問2	問3	問4

⑬	問1	問2	問3
			サイクル

⑭	問1	問2	問3

⑮	問1	問2
		書

⑯	問1	問2

⑰	問1	問2

⑱	問1	問2

受験番号		名前	
組　No.			

総得点

ビジネス・マネジメント解答用紙

得点

1	問1	問2				
						制度

2	問1	問2

3	問1				問2

4	問1	問2	問3

5	問1	問2

6	問1	問2

7	問1	問2	問3

8	問1	問2

9	問1	問2

10	問1	問2	問3

11	問1	問2	問3

12	問1	問2

13	問1	問2

14	問1	問2

15	問1	問2

16	問1	問2			

17	問1	問2

18	問1	問2	問3	問4	問5			問6
						化	

19	問1	問2	問3

20	問1	問2	問3

受験番号		名	
	組　No.	前	

総得点

ビジネスとマネジメント

- (1) SDGs
- (2) イノベーション
- (3) インカムゲイン
- (4) 会社法
- (5) 解決
- (6) 株式会社
- (7) 規制緩和(規制改革)
- (8) キャピタルゲイン
- (9) クイック・デリバリー
- (10) クラウドファンディング
- (11) グローバル化
- (12) 経営理念
- (13) 限定合理性
- (14) 高度経済成長期
- (15) コーポレート・アイデンティティ(CI)
- (16) サプライ(・)チェーン
- (17) 企業の社会的責任(CSR)
- (18) ジャスト・イン・タイム
- (19) 終身雇用
- (20) 所有(出資)と経営の分離
- (21) 成果主義
- (22) ダイバーシティ
- (23) 超高齢社会
- (24) 年功序列型賃金
- (25) 日本的経営
- (26) ハラスメント
- (27) プロセス
- (28) プロダクト
- (29) ボーダーレス
- (30) マーケット
- (31) メインバンク
- (32) 持分会社
- (33) リコメンド
- (34) 労働者派遣法
- (35) 労働力人口
- (36) ロングテール
- (37) 利害関係者(ステークホルダー)
- (38) ワーク・ライフ・バランス

組織とマネジメント

- (1) 3C
- (2) MBO(マネジメントバイアウト)
- (3) OEM(供給)
- (4) PEST分析
- (5) PPM
- (6) SWOT分析
- (7) VRIO分析
- (8) アライアンス
- (9) インセンティブ(誘因)
- (10) 外発的動機づけ
- (11) 合併
- (12) 金のなる木
- (13) カンパニー制組織
- (14) 関連型多角化
- (15) 希少性
- (16) 機能別組織
- (17) 規模の経済
- (18) 共通目的
- (19) 協働意欲
- (20) 系列
- (21) 権威主義的
- (22) コア・コンピタンス
- (23) コスト・リーダーシップ
- (24) コンフリクト
- (25) 差別化
- (26) 参加的
- (27) 残存者利益
- (28) シェアド
- (29) 事業部制組織
- (30) 市場浸透(戦略)
- (31) 市場魅力度
- (32) シナジー効果(相乗効果)
- (33) 資本提携
- (34) 集中
- (35) 職務設計理論
- (36) 垂直的
- (37) 水平的
- (38) セル生産(方式)
- (39) 選択と集中
- (40) 組織文化
- (41) 多角化(戦略)
- (42) 中間管理者
- (43) 電子決済
- (44) 取引費用
- (45) 内発的動機づけ
- (46) 非関連型多角化
- (47) ファイブフォース分析
  (ファイブフォーシズ分析)
- (48) フラット
- (49) ブランド・マネージャー
- (50) ブルー・オーシャン
- (51) プロジェクト組織
- (52) 分業
- (53) マトリックス組織
- (54) 命令一元化の法則
  (命令統一制の原則)
- (55) 目標設定理論
- (56) 持株会社
- (57) モラール
- (58) 変換能力

経営資源のマネジメント

- (1) 3M
- (2) 5S(活動)

商業経済検定模擬テスト

第1・2級　ビジネス・マネジメント

模範解答と解説

とうほう

ビジネスとマネジメント

1 問1-イ　問2-ウ　問3-ウ
問4-ア

問1　ビジネスを展開して、社会に価値を提供し、事業を創造していこうとする精神を企業家精神、またはアントレプレナーシップという。

問2　企業の所有権を細分化して、広範囲にわたる少額の投資を可能にしたのは株式である。

問3　株式会社の出資者を株主という。

問4　株式会社を所有しているのは株主だが、経営は専門の経営者が行うことを「所有と経営の分離」という。「出資と経営の分離」ということもある。

2 問1-イ　問2-ア　問3-ウ
問4-イ

問1　利害関係者のことをステークホルダーともいう。「stake(ステーク)」には「利害関係」や「関与」という意味がある。

問2　企業は市民と同様にさまざまな権利と義務を負っており、その上で利益を追求するべきであるという考え方である。一般社会で善良な市民は他者を尊重し、社会に貢献しようとするが、同様のことを企業にも求める考え方となる。

問3　社会で発生するさまざまな課題(社会的課題)に対応する責任のことを企業の社会的責任、あるいはCSRともいう。

問4　仕事と生活の調和のことをワーク・ライフ・バランスという。こうした考え方が着目されたのは、長時間にわたる勤務が従業員の健康を害したり、過労死にまで至ったりした事例があったためである。

3 問1-ア　問2-ウ　問3-ア
問4-イ

問1　購買行動が類似している顧客の購買履歴などを分析して、商品を勧める機能をリコメンド(機能)という。

問2　Amazonでは各地に物流センターを設置し、受注した当日か翌日に商品を配送できるようにしている。これをクイック・デリバリーという。

問3　かつては全体の約20％を占める売れ筋商品が売上高の約80％を構成していたが、Amazonのようなインターネット通販のビジネスモデルでは、ニッチな商品の売上高を積み重ねて利益を獲得する。このとき縦軸に販売数量、横軸に商品をとってグラフ化すると、ニッチな商品の部分が恐竜の尾のように長く伸びていくことから「ロングテール戦略」という。

問4　既存の市場で成功したことで、新たなビジネスモデルの構築が遅れてしまうことをイノベーションのジレンマという。例えば銀塩フィルムの市場で大成功をおさめてしまったために、デジタルカメラへの対応が遅れた企業の事例などがある。

　選択肢アは、自社が魅力的と判断する市場は競合他社にとっても魅力的であるため、多くの企業がその市場に参入した結果、魅力度が失われるというジレンマである。

4 問1-ウ　問2-ア　問3-ウ
問4-ア

問1　年功序列型賃金のことで、日本的経営の一部とされる。年齢や勤続年数に応じて、職務遂行能力が上昇していくという仮定に基づいている。

問2　終身雇用もまた日本的経営の一部である。選択肢イは、派遣労働者が人材派遣会社に直接雇用され、派遣先企業に派遣されている雇用形態を指す。派遣先企業にとっては、直接的にその派遣労働者を雇用しているわけではないので、「間接雇用」ということになる。

問3　企業単位で組織された組合を企業別労働組合といい、わが国の労使交渉では企業別労働組合が中心となる。多くの企業別労働組合は労使協調路線をとるので、日本的経営になじみやすい。

問4　仕事の成果に応じて賃金や昇進を決定する仕組みを成果主義という。一部の企業は成果

主義を採用しているが，この場合には従業員が納得できる評価制度を整えておく必要がある。

5 問1－ウ　問2－ア　問3－イ
問4－ウ
問1　資金調達の細分化によって少額の出資が可能になるほか，証券化されているので売却も容易である。株式の株価が下落しそうな場合には，証券取引所などで売却することによって，損失のリスクを軽減することができる。
問2　株主は有限責任なので，出資額を超える責任を負うことはない。したがって，株式会社が経営破綻しても，株主の個人の財産に影響が及ぶことはない。
問3　取締役を株主に限定しないことで，専門的な知識と実務経験をもつ経営者に経営を任せやすくなる。
問4　「株式上場」とは，証券取引所で株式が売買されるようになることである。証券取引所は上場にあたって厳しい条件をつけているので，株式上場した企業の信頼性はきわめて高いとされている。

6 問1－ボーダーレス　問2－ア
問3－ウ　問4－イ
問1　あたかも国境がないかのような状態を「ボーダーレス」という。「border（ボーダー）」には「国境」という意味がある。
問2　2015（平成27）年に国連サミットで採択されたのは，SDGs（持続可能な開発目標）である。MDGsは，2000（平成12）年に採択されたミレニアム開発目標のことで，SDGsの前身にあたる。
問3　インターネットを通じて，小口の支援を募る資金調達をクラウドファンディングという。選択肢アは株式の発行による資金調達のことで，選択肢イは借入金や社債の発行など負債による資金調達のことを指す。
問4　選択肢アと選択肢ウは正規雇用のことである。職種や勤務地を限定した正規雇用も少なくない。

組織のマネジメント

1 問1－イ　問2－ア　問3－ウ
問1　選択肢アはどちらも現場管理者に分類される。選択肢ウはどちらも中間管理者である。
問2　バーナードが唱えた組織の3つの要素のうち，統一された価値観や目的を「共通目的」という。この「共通目的」を達成するために，従業員が協力して働こうとし（協働意欲），相互にやりとりをすること（コミュニケーション）が組織の成立には不可欠とされる。
問3　権限と責任の一致はマネジメントの基本原則とされている。野球でいえば，打撃コーチが有する権限と責任は打撃に関することで一致する。投手力や守備力が弱いことについて，打撃コーチの責任が問われることはない。

2 問1－ウ　問2－イ　問3－イ
問1　機能別組織のことで，担当する仕事の専門性は高まるが，会社全体を管理する人材の育成には向いていない。選択肢イは，事業部制組織の説明である。機能別組織の欠点は，最終的には経営者の意思決定をあおぐことになるので，中央集権的な管理になりやすく，迅速な意思決定が難しいことである。
問2　指示命令系統が直線的で明確な組織をライン関係（ライン組織）という。
問3　製品別に独立した部門を設置するのは，事業部制組織である。事業部ごとに利益を計算し，権限も委譲するので迅速な意思決定が可能になる。

3 問－経営資源
問　企業が経営のために必要とする資源を総称して経営資源という。最近では「情報」（情報的資源）の重要性が高まってきている。

4 問1－ウ　問2－イ　問3－イ
問1　計画（Plan）・実行（Do）・評価（Check）・改善（Action）のサイクルでマネジメントを行う手法をPDCAサイクルという。選択肢イは，価値（Value）・希少性（Rarity）・模倣可能性（Imitability）・組織（Organization）の

4つの視点で，経営資源の重要性を評価する方法である。例えばAmazonは物流センターを各地に設置してクイック・デリバリーを実現しているが，競合他社が真似するには物流センターを建設する必要があるため，模倣可能性は低い。そのためAmazonにとって物流センターは重要な経営資源という位置づけになる。

問2 スタッフ部門はライン部門に助言や支援を行う部門なので，ライン部門の活動を制約することはない。また，スタッフ部門とライン部門とでは，あくまでライン部門が主軸であり，スタッフ部門はその補助という位置づけになる。ただし，経営環境が複雑になってくると，スタッフ部門の必要性は高まるのが一般的である。

問3 企業が大規模化しても，生産する製品の種類が少ない場合には機能別組織でも対応できる。事業部制組織が必要になるのは，企業が大規模化して，取り扱う製品の種類が多くなった場合である。

事業部制組織を世界で初めて導入したのは，アメリカのゼネラル・エレクトリック社だが，わが国では1933（昭和8）年に松下幸之助による松下電気器具製作所（現在のPanasonic）が最初となる。同社では第一事業部でラジオ，第二事業部でランプと乾電池，第三事業部で配線器具，そして第四事業部でアイロンや暖房器具を担当し，それぞれ独立採算制が採用された。

5 問1－イ　　問2－エ

問1 SWOT分析は外部環境の機会と脅威，内部環境の強みと弱みを把握するフレームワークなので不適切である。また，3Cは市場の分析を行い，それに対する競合他社の対応を分析してから自社の戦略を立案するためのフレームワークである。

問2 市場成長率が低く，市場占有率が高い事業は，「金のなる木」に分類される。市場成長率が低いので，新たに投資に必要な資金が少ない一方，市場占有率が高いので獲得する資金は多額である。

6 問1－ア　問2－ア　問3－ウ

問1 選択肢イは「代替品の脅威」に該当し，選択肢ウは「売り手の交渉力」が弱くなったことを示す事例である。

問2 選択肢イは「新規参入の脅威」に該当する。選択肢ウは，自社の商品に独自性があるため，「買い手の交渉力」が弱くなっていることを示す事例である。

問3 売り手の交渉力が強くなれば，原材料の価格は上がり，買い手の交渉力が強くなれば，販売価格を引き下げざるを得なくなる。つまり，5つの競争要因の力が強くなればなるほど，自社の収益性は低くなる。

7 問1－ウ　　問2－ウ　　問3－ウ

問1 コスト・リーダーシップ戦略とは，生産にかかる費用（製造原価）を引き下げる仕組みを構築することによって，低価格で商品を販売し，シェア（市場占有率）を伸ばそうとする戦略である。

問2 選択肢アと選択肢イは，コスト・リーダーシップ戦略の説明である。

問3 集中戦略は，市場の特定の層（セグメント）を狙う戦略である。したがって，選択肢アは全国的に販売しようとしている点で該当しない。選択肢イは，社会的責任を果たすために環境への負荷を軽減しようとする取り組みを説明しているが，集中戦略には該当しない。したがって，地域に密着し，特定の層（セグメント）に対象を絞り込んでいる選択肢ウが最も適切ということになる。

8 問1－イ　　問2－ア

問1 従業員の間で共有される価値観や行動様式を組織文化あるいは企業文化という。

問2 経営上の信念や信条を「経営理念」という。多くは文章で表現され，抽象的な内容が多い。この抽象的な内容を経営計画など具体的な内容に置き換えていくことになる。

9 問1－ウ　　問2－ア　　問3－ウ

問1 顧客に共通したイメージをもってもらえるように働きかけることをコーポレート・アイ

デンティティ(CI)という。選択肢イはビジネス・インテリジェンスの略称で，データを収集・蓄積・加工して意思決定を支援するツールの総称である。統計学などを用いて分析したうえで，レポートやグラフなどにわかりやすく可視化してくれるので，企業での導入が進んでいる。

問2 シンボルマークやロゴマークなどは商標権として登録する。商標権の範囲が拡大しており，現在では音声やメロディ(音商標)，色彩(色商標)なども登録できる。

問3 ブランドを通じて企業価値を高める取り組みをブランディングといい，その担当者をブランディング・マネージャーという。

10 問1－ア 問2－イ 問3－ウ
問4－ア
問1 経営資源を効率的に活用して，目標を達成できるように管理することをマネジメントという。マーケティングとは，商品やサービスが売れる仕組みを構築することで，イノベーションとは，経営資源の新しい組み合わせ(新結合)による新しい商品の開発や市場の開拓などのことを指す。

問2 企業外部に特定の業務を委託することをアウトソーシングという。一般的に，自社の部門よりも専門性の高い外部の企業にアウトソーシングすることが多い。

問3 複数の企業が相互に出資することを資本提携という。

問4 「事業部門を丸ごと」購入するのは買収で，「複数の会社が契約によって一つになる」のは合併である。買収の場合には，会社が一つにはならない。合併(Mergers)と買収(Acquisitions)をあわせてM＆Aと表現する。

11 問1－イ 問2－ア 問3－ア
問1 関連型多角化を行う場合，一般的にシナジー効果(相乗効果)を発揮しやすい。一方，非関連型多角化を行う場合，それぞれの事業がかけ離れているため，シナジー効果(相乗効果)は発揮されにくい。

問2 非関連型多角化の場合，シナジー効果(相乗効果)は発揮されにくいが，本業とは距離があるのでリスクは分散される。

問3 どの事業分野に多角化するべきかを決定することを「選択」，どの程度の経営資源を投入するべきかを「集中」といい，あわせて「選択と集中」という。

12 問1－ウ 問2－イ 問3－ウ
問1 作業(工程)を分割して，それぞれに専門化することを分業という。

問2 指示を出す側と受ける側という上下の階層がなく，切削作業と組立作業というように分業化することを水平的分業という。

問3 管理する側と管理される側のように，階層別に分業化することを垂直的分業という。垂直的分業があまり行われず，例えば社長以外はすべて従業員であるような組織を「フラットな(平らな)組織」という。

13 問－イ
問 マトリックス組織では事業別の上司と機能別の上司が存在するため，二人の上司から指示を受けることになる。指示の内容が異なる場合，コンフリクト(対立や軋轢)が発生し，部下は混乱することになる。これを，ツー・ボス・システムといい，「命令の統一性の確保」という管理原則には反していることになる。なお，選択肢ウはプロジェクト組織の説明である。

経営資源のマネジメント

1 問1－企業別 問2－イ 問3－ア
問4－ウ 問5－ウ 問6－ア
問1 日本的経営の一つに企業別組合が労使交渉の中心になることがある。日本にも産業別労働組合は存在するが，労使交渉の中心になることはあまりない。

問2 毎年一度，高校や大学の卒業者を一括して採用することを新卒一括採用という。

問3 雇用期間に定めのあるパートタイマーやアルバイトなどの雇用を非正規雇用という。

問4 業務を離れて講義を中心に学習することを

Off-JTという。体系的な理解を促進するのに有効な研修である。

問5 職務遂行能力に応じて支払われる賃金を職能給という。わが国では年齢や勤続年数に応じて職務遂行能力が高まるという前提で賃金水準を決めている企業が多いため，年功序列型賃金制度が採用されることが多くなる。

問6 仕事の中身に応じて支払われる賃金を職務給という。職務給を採用する場合には，その職務(仕事の内容)の難易度や専門性などを適切に評価する必要がある。

2　**問1－イ　　問2－ウ　　問3－ア**
　問4－法定外福利　　問5－ウ

問1 さまざまな人を活用する経営をダイバーシティ経営あるいはダイバーシティ・マネジメントという。

問2 求人票とは職業安定法に定められた労働条件を示した書類のことである。選択肢アと選択肢イの内容は労働条件には該当しない。

問3 選択肢イは雇用保険，選択肢ウは労働者災害補償保険(労災保険)に関する記述である。

問4 福利厚生のうち，法律に定められていないものを法定外福利といい，法律に定められた福利厚生のことを法定福利という。

問5 バーナードとサイモンによる組織均衡論の用語で，組織が構成員に与えるものを「誘因」，構成員が組織に与えるものを「貢献」という。貢献以上の誘因を企業が従業員に与えることができれば，従業員は企業から離脱しないことになる。逆に，貢献よりも誘因が低い場合には，従業員はその企業から離脱する可能性が高くなっていく。

3　**問1－科学的**(管理法)
　問2－ホーソン(実験)

問1 科学的に測定した作業方法や作業量を決定し，それに基づいて工場労働者を管理する手法を科学的管理法という。工場労働者の人間的な側面を軽視していた点で課題は残ったが，近代的なマネジメント理論の基礎を築いた手法として評価されている。

問2 従業員の労働意欲は，労働条件よりも職場の人間関係や仕事に対する思いなどによって左右されるということを証明した実験である。メイヨーとレスリスバーガーによって，ホーソン工場で行われた実験なので，ホーソン実験と呼ばれている。

4　**問1－ウ　　問2－ウ**

問1 選択肢アは経済的に安定していたいという安全欲求，選択肢イは良好な人間関係を構築したいという社会的欲求の説明である。

問2 他者から認められたいという選択肢アの欲求は尊厳欲求に該当する。また，選択肢イの欲求は安全欲求に該当する。

5　**問1－イ　　問2－ア　　問3－ウ**

問1 予算は企業の財務的資源を総合的に管理するものなので，選択肢アは不適切である。また，予算には各部門の利害を調整する調整機能のほかに，予算と実績を比較して是正活動を行う統制機能があるので，選択肢ウも不適切である。

問2 意思決定に部下を参加させているので，民主的リーダーシップが正しい。専制的リーダーシップはトップダウンで意思決定を行うリーダーのふるまいで，自由放任的リーダーシップとは部下の自発性や創造力を期待して，必要なときだけマネジメントを行うタイプのリーダーシップである。

問3 上司に求められる種々の業務を部下と分担するのがシェアド・リーダーシップで，逆に言うと部下全員がリーダーの要素をもつ。設問では部下の業務を上司が分担しているため，選択アは該当しない。また，選択肢イは，組織の変革をもたらすリーダーシップのことで，営業報告書の作成や顧客への挨拶の同行などには該当しない。選択肢ウのサーバント・リーダーシップとは，部下に奉仕(援助)しつつ，その過程で部下を導くリーダーシップのことで，最も適切といえる。

6　**問1－イ　　問2－ウ　　問3－ア**
　問4－イ

問1 品質(Quality)・コスト(Cost)・納期

(Delivery)を生産の3条件といい，生産管理を行ううえで，最も注意しなければならない要素となる。これらの頭文字をとって，QCDという。

問2 原材料や部品の生産や供給から，製品の生産，卸売業から小売業までの流通に至るまで，全体を一つの流れとして管理する手法をSCM(サプライチェーン・マネジメント)という。

問3 SCMを管理するには，小売業者がもつ販売情報や原材料などの生産情報などを共有する必要があるため，選択肢アが正解となる。選択肢イは従業員に対するマネジメント，選択肢ウは，異なる企業の経営資源を相互利用するための一つの方法である。

問4 徹底した在庫の削減を基本とするトヨタ自動車の生産方式の基本原理で，ジャスト・イン・タイムという。

7 **問1**－系列(取引)　　**問2**－ウ
　　問3－イ　　**問4**－ア

問1 長期にわたる取引関係を維持する日本の取引慣行を系列取引という。場合によっては株式の相互持ち合いや取締役の派遣などが行われることもある。ただし，ディスカウントストアの台頭などで，現在では系列取引の見直しが進められている。

問2 日用品など差別化が難しい最寄品については，市場占有率を高めるためにあらゆるチャネルを利用することが多い。これを開放的流通チャネル政策という。

問3 家庭用電気製品や化粧品などはブランドや機能などで差別化がされているうえ，チャネルにおける値崩れなどを防止する必要がある。そのため一定の基準で卸売業者や小売業者を選定して，商品を流通させる。これを選択的流通チャネル政策という。

問4 ブランド・イメージを厳格に保ちたい場合には，卸売業者や小売業者を完全に制限する排他的流通チャネル政策が採用される。

8 **問1**－ウ　　**問2**－エ　　**問3**－イ
　　問4－ア

問1 地域別に市場を分割してみた場合，これまで日本の市場のみを対象としていた企業が中国や東南アジアに進出するのは，新市場開拓(戦略)に該当する。

問2 情報通信業の企業が金融商品を販売したり，損害保険会社が福祉介護事業に進出したりして福祉介護サービスを提供するのは，多角化(戦略)に該当する。

問3 著名なラーメン店と共同開発で新商品を販売する戦略は，新商品開発(戦略)に該当する。

問4 コカ・コーラなどのように，さまざまなプロモーションを展開してリピート購買を促進する戦略は，市場浸透(戦略)に該当する。

9 **問1**－他人　　**問2**－ウ
　　問3－ア

問1 自己資本と対応する用語は他人資本である。借入金などの負債が該当する。第二次世界大戦直後は，現在のように証券市場が発達していなかったため，企業は銀行から資金を借り入れるのが主流だった。

問2 自己資本利益率は，利益を自己資本で割って計算する。このとき多くの場合，利益には税引後当期純利益が用いられる。

問3 自己資本利益率は，自己資本をどれだけ効率的に活用しているのかを示している。したがって，収益性の財務指標に分類される。

10 **問1**－ウ　　**問2**－イ

問1 先物取引とは，将来の一定期における売買取引をあらかじめ行うことである。選択肢アは投資信託の説明であり，選択肢イの国債は無リスク資産となる。

問2 将来における売買する権利に関する取引をオプション取引という。先物取引の場合には，将来における売買を約束してしまった以上，履行するしかないが，オプション取引の場合には権利を行使しないという選択肢も用意されている。

　　選択肢アはスワップ取引の説明であり，例えば変動金利の金融商品と固定金利の金融商

品を保有している人たちの間で，受け取る利息を交換する取引を指す。選択肢ウは普通預金の説明になる。

11 問－ウ

問 選択肢アは直接金融に該当する。また，選択肢イの株式の発行による資金調達（エクイティ・ファイナンス）も直接金融に該当する。

12 問1－ア　　問2－イ

問1 特許権・実用新案権・意匠権・商標権を産業財産権という。これに著作権を加えると，知的財産権と呼ばれる。

問2 選択肢アは自動運転の説明である。また，選択肢ウはIoTの説明になる。ほとんど工具が存在しないスマートファクトリーと呼ばれる工場では，機械装置と機械装置がIoTによって結合されている。

13 問1－イ　　問2－イ

問1 メッセージのやりとりはコミュニケーションに該当する。メッセージを受け取った側は，その内容を解読して，差出人にフィードバックすることになる。

問2 取引などにおいて，当事者の片方が詳細な情報をもち，もう片方がそれよりも少ない情報しかもっていない状態を「情報の非対称性」という。保険会社と加入希望者（健康状態については加入希望者のほうが詳しい），就職希望者と企業（自分の能力や適性などについては就職希望者のほうが詳しい）などの例が挙げられる。こうした情報的資源の偏りは，情報を詳細にもっている側に有利な取引になることが多い。

企業の秩序と責任

1 問1－イ　　問2－ア　　問3－ア
問4－イ　　問5－ウ

問1 企業を取り巻くさまざまな利害関係者のことをステークホルダーという。

問2 企業の社会的責任（Corporate Social Responsibility）を略してCSRという。企業もまた市民社会の構成員なので，自らの行動に責任をもたなければならない。

問3 企業の経営を律する仕組みを総称して，コーポレート・ガバナンスという。

問4 社外取締役は企業外部出身でなければならず，その企業の親会社や子会社，さらに同じ親会社の子会社（兄弟会社）の取締役などが就任することはできない。そのため選択肢アは不適切である。また，社外取締役は必ずしも金融機関からの出向に限定されないので，選択肢ウも不適切である。

　なお，社外取締役のうち，特に独立性が高いものを「独立社外取締役」という。

問5 株主総会では基本的な意思決定のみ行い，具体的な経営に関する意思決定は行わないので選択肢アは不適切である。また，行政処分は行政機関が行うものなので，選択肢イも不適切である。

2 問1－ウ　　問2－イ

問1 法令遵守のことをコンプライアンスという。企業が法令を守らずに利益を追求するようなことがあれば，さまざまな不正や不祥事が発生することになる。

問2 アカウンタビリティあるいは説明責任と呼ばれるもので，自社に責務があることがらについて説明を尽くし，利害関係者（ステークホルダー）がそれに納得すれば，責任を果たしたことになる。例えば株式会社は株主総会で資金の使途やその成果を説明するが，株主がそれに納得した段階で，資金に関する責任を果たしたことになる。

3 問1ーウ　　問2ーイ　　問3ーア
問1　発生しうるさまざまなリスクを評価し，最小の費用で損失をくい止めようとすることをリスク・マネジメントという。
問2　原材料や部品の供給から製品の販売に至る流れをサプライチェーンという。ほとんどの場合，サプライチェーンは複数の異なる企業で構成されている。
問3　BCP（Business Continuity Plan）または事業継続計画のことである。大規模な自然災害などが発生した場合に，中核となる事業を継続するためのさまざまな取り組みのことを指す。

ビジネスの創造と展開

1 問1ーイ　　問2ーウ　　問3ーア
　　問4ーウ　　問5ーア
問1　起業する際は，経営理念やビジネスプラン，資金調達の方法などを記載した事業計画書を作成する。これは金融機関や投資家などから資金を調達するためなどに用いられる。
問2　継続的に収益を獲得するための仕組みをビジネスモデルという。商品を安く仕入れて高く販売し，利益をあげるという小売業者の仕組みもビジネスモデルの一つである。
問3　選択肢イはサブスクリプションの説明である。また，選択肢ウは，ライセンスの使用料などで収益をあげるライセンスモデルの説明である。
問4　無料版で製品やサービスの優良さを認識してもらい，有料版の購入へ誘導する仕組みをフリーミアムという。「フリー」と「プレミアム」を組み合わせた造語である。
問5　取引を行う場（プラットフォーム）を提供して対価を得るビジネスをプラットフォームビジネスという。例えばフリマアプリのメルカリは中古品売買の場を提供することで収益を計上し，メルカリ自身が売買の当事者になるわけではない。同様にUber Eatsも飲食店と配達パートナーの媒介をすることで収益を計上し，Uber Eatsが調理や配達を行っているわけではない。

2 問1ーイ　　問2ーア　　問3ーウ
問1　会社の名前は商号である。
問2　会社の事業内容や商号などを記載した基本原則を定款という。公証人による認証などが必要となる。
問3　会社の設立時における登記を設立登記という。設立登記を行った日が会社が成立した日となり，登記した内容は広く一般に公開される。

3 問1ーウ　　問2ーイ
問1　プロジェクトのために既存の部署からさまざまな人材を選抜して組織されたチームや組織をプロジェクト組織という。プロジェクト組織はプロジェクトが完了した時点で解散し，所属していた人員は元の部署に戻ることになる。
問2　プロジェクトを率いるリーダーのことをプロジェクト・マネージャーという。選択肢アはブランドによる企業価値の向上を目指すブランディングの担当者であり，選択肢ウはリスク管理の担当者である。

ビジネス・マネジメント解答

得点

1

問1	問2
ア	イ

2

問1	問2	問3
分業	ウ	ア

3

問1	問2	問3
イ	ウ	ウ

16

4

問1	問2
イ	ア

5

問1	問2	問3	問4
ウ	ア	イ	ウ

6

問1	問2
ウ	イ

16

7

問1	問2	問3	問4
ア	ウ	ウ	イ

8

問1	問2
科学的 管理法	ウ

12

9

問1	問2
ア	ウ

10

問1	問2
ウ	ウ

11

問1	問2	問3
イ	ア	イ

14

12

問1	問2
ア	イ

13

問1	問2	問3	問4
イ	ウ	ア	ア

12

14

問1	問2	問3	問4	問5
ウ	イ	ウ	ア	ウ

15

問1	問2	問3
ア	ウ	ウ

16

16

問1	問2	問3
ウ	ア	イ

6

17

問1	問2
ウ	個人情報保護 法

4

18

問1	問2
ア	イ

4

総得点	100

ビジネス・マネジメント解答

得点

1	問1	問2	問3	問4
	ア	ウ	ア	イ

2	問1	問2
	ア	ア

12

3	問1	問2	問3
	ウ	ウ	イ

4	問1	問2
	ウ	イ

5	問1	問2	問3
	イ	イ	ア

16

6	問1	問2	
	ア	権	限

7	問1	問2	問3
	ウ	イ	イ

10

8	問1	問2	問3
	ウ	ア	イ

9	問1	問2	問3
	イ	イ	ア

12

10	問1	問2	問3
	ア	ウ	イ

11	問1	問2	問3
	ア	ウ	イ

12

12	問1	問2
	ア	イ

13	問1	問2
	ウ	ア

14	問1	問2	問3
	イ	ア	ウ

14

15	問1	問2
	イ	イ

16	問1	問2	問3	問4
	ウ	ウ	イ	エ

12

17	問1	問2					
	ウ	フ	リ	ー	ミ	ア	ム

4

18	問1	問2					
	イ	オ	ー	プ	ン	戦略	

19	問1	問2
	ウ	ア

8

総得点	100

ビジネス・マネジメント解答

得点

1

問1	問2	問3
ウ	ア	ア

2

問1	問2	問3
ウ	ア	ア

12

3

問1	問2	問3
イ	ア	イ

4

問1	問2
イ	ウ

5

問1	問2	問3
ウ	ア	イ

16

6

問1	問2	問3
ア	ア	イ

7

問1	問2	問3	問4
イ	ア	ウ	ウ

14

8

問1	問2
ウ	ア

9

問1	問2	問3
ウ	イ	イ

10

問1	問2
ア	イ

14

11

問1	問2	問3	問4
イ	ア	イ	イ

12

問1	問2	問3	問4
ア	ウ	イ	ア

16

13

問1	問2	問3			
イ	ア	P	D	C	A サイクル

6

14

問1	問2	問3
ウ	ア	ア

6

15

問1	問2				
イ	事	業	計	画	書

16

問1	問2
ウ	ウ

8

17

問1	問2					
ア	ハ	ラ	ス	メ	ン	ト

18

問1	問2
ウ	ア

8

総得点	100

ビジネス・マネジメント解答

得点

1

問1	問2					
ア	メ	イ	ン	バ	ン	ク	制度

2

問1	問2
イ	ウ

8

3

問1						問2
リ	ー	ダ	ー	シ	ッ	プ	イ

4

4

問1	問2	問3
ウ	ア	ア

5

問1	問2
ウ	ア

6

問1	問2
ア	ア

14

7

問1	問2	問3
ア	ウ	イ

8

問1	問2
ア	ウ

9

問1	問2
イ	イ

14

10

問1	問2	問3
イ	ウ	ア

11

問1	問2	問3
ア	イ	ア

12

問1	問2
イ	イ

16

13

問1	問2
ウ	ア

14

問1	問2
ア	ウ

15

問1	問2
イ	ウ

12

16

問1	問2				
ア	社	外	取	締	役

17

問1	問2
イ	ア

8

18

問1	問2	問3	問4	問5					問6
ア	イ	ア	ウ	グ	ロ	ー	バ	ル	化	ウ

12

19

問1	問2	問3
イ	ア	イ

20

問1	問2	問3
ウ	ア	イ

12

総得点	100

● 第1回　模擬問題 (各2点)

1 問1ーア　　問2ーイ
問1　株主は出資額を限度とした有限責任のみを負う。

問2　株式による資金調達（エクイティ・ファイナンス）を行った場合，その資金は自己資本となる。一方，金融機関からの借入金や社債の発行などは他人資本になる。

2 問1ー分業　　問2ーウ　　問3ーア
問1　工程や作業を分割して，それぞれに専門化していくことを分業という。

問2　指揮命令系統が存在しないかたちで，作業の性質に応じて分業することを水平的分業といい，組織がそのように区分されることを水平的分化という。一方，指示や命令を出す人と受ける人のように指揮命令系統が階層化していくことを垂直的分業といい，組織がそのように区分されることを垂直的分化という。

問3　組織の管理原則の一つで，権限と責任は一致している必要がある。例えば商品の仕入れに関して権限がない小売店の店長は，仕入価格の高騰について，責任を負えない。

3 問1ーイ　　問2ーウ　　問3ーウ
問1　稟議制度とは，企画やアイデアの発案者が書類を作成し，それを順次上位の管理者などに回覧して，最終的に実行に至る意思決定の制度である。日本的経営の特徴の一つとされ，ボトムアップの提案が可能な反面，迅速な意思決定が難しいのが欠点である。

問2　仕事の成果に応じて賃金や昇進などを決定することを成果主義という。従業員の動機づけにつながる側面がある一方で，「成果」の測定が難しいのが欠点である。

問3　非正規雇用とは雇用期間に定めがある雇用形態を指す。

4 問1ーイ　　問2ーア
問1　国境が存在しないかのような状態をボーダーレスという。

問2　ダイバーシティとは「多様性」という意味である。選択肢イは環境問題などに配慮した経営で，選択肢ウは従業員の健康状態に配慮した経営を指す。

5 問1ーウ　　問2ーア　　問3ーイ　　問4ーウ
問1　特定の主力取引銀行と重点的に取引を行い，長期にわたる安定した関係を構築する制度をメインバンク制度という。選択肢アのように複数の銀行と平等に取引を行う場合にはメインバンク制度とは呼ばない。また，選択肢イのように経営危機に陥った場合にもメインバンクはその企業の救済に尽力するのが慣習である。

問2　銀行を経由しないで，株式や社債の発行によって資金を調達することを直接金融という。

問3　自己資本比率は，自己資本を総資本あるいは総資産で割って計算する。この比率が高いほど安全性が高く，おおむね50％以上が目安とされている。

問4　選択肢アは総資本利益率または総資産利益率，選択肢イは流動比率の説明である。

6 問1ーウ　　問2ーイ
問1　リサイクル業務に両社が協力して取り組んでいるので，業務提携に該当する。

問2　両社の経営資源を活用することによって，リサイクルへの取組を加速化することができる。選択肢ウにあるような行政指導などは行われていない。

7 問1ーア　　問2ーウ　　問3ーウ　　問4ーイ
問1　企業を取り巻くさまざまな利害関係者をステークホルダーという。

問2　選択肢アは，ロボットを活用して業務の効率化や自動化を図るロボティック・プロセス・オートメーションのことである。また，選択肢イは，生産の3条件をあらわす品質・コスト・納期を表す用語である。

問3　選択肢アについては，一般の市民と同様の

権利や義務を企業に認めるという点が不適切である。例えば企業には選挙権も被選挙権もない。選択肢イは，法人税や住民税の納付額が多ければ市民として認められるという点が不適切である。税法に基づいた適法な納税でなければならない。

問4 必ずしも法令などで定められてはいないが，従業員や経営者の意思決定の根幹となる重要な考え方を企業倫理という。

8 問1－科学的(管理法)　問2－ウ
問1 フレデリック・テイラーは科学的に課業(タスク)を決定し，作業の標準化などを行った。これを科学的管理法，あるいはテイラー・システムという。
問2 従業員が自分から技能や取得した資格，希望する職種や勤務地などを申告する制度を自己申告制という。従業員の適正配置や能力開発などに有用とされ，自己申告制を導入する企業は増加している。

9 問1－ア　問2－ウ
問1 特定の業務を外部に委託することをアウトソーシングという。一般に自社の部署よりも専門性の高い企業にアウトソーシングすることが多い。
問2 選択肢アは，公約や約束，誓約など指す用語である。選択肢イは「社内フリーエージェント」といった場合，従業員が自らの業績などをアピールして，異動したい部署を自己申告できる制度を指す。

10 問1－ウ　問2－ウ
問1 外部環境を機会と脅威，内部環境を強みと弱みに分けて，それぞれの活用方法や対応方法を考えるフレームワークをSWOT分析という。
問2 SWOT分析における機会や脅威は企業によって捉え方が異なるので，選択肢アは不適切である。また，弱みとされた要因についても，克服したり，強みでカバーしたりといった対応が考えられるため，選択肢イも不適切である。機会・脅威・強み・弱みについては，

企業の捉え方によって差異が出てくることに注意しなければならない。

11 問1－イ　問2－ア　問3－イ
問1 すでに手がけている事業と関連性が高い多角化は，本業が衰退したときに同時に衰退する可能性が高いので，リスクの分散を図ったことにはならない。したがって選択肢アは不適切である。また，コングロマリットとは，業種や業態が異なる企業や事業部門を買収した企業のことなので，本業と関連性の高い分野に多角化した場合にはコングロマリットとはなりにくい。そのため選択肢イも不適切である。例えば電子商取引以外に証券事業や金融事業，損害保険や生命保険，さらに通信事業などを手がけている場合がコングロマリットに相当する。
問2 「金のなる木」に分類された事業については，新たな資金の投資はあまり必要がなく，また「問題児」に分類された事業については，支出する資金のほうが多額なので，選択肢イは不適切である。また，「金のなる木」で獲得した資金は「問題児」に投資して，「問題児」を「花形」に育成するのが基本なので，選択肢ウも不適切ということになる。
問3 合併(Mergers)と買収(Acquisitions)を合わせてM＆Aという。なお，選択肢アはResearch and Developmentの略で，研究開発という意味である。

12 問1－ア　問2－イ
問1 外部環境を政治的(Politics)・経済的(Economy)・社会的(Society)・技術的(Technology)という4つの要因に分類して分析する方法はPEST分析である。選択肢イのVRIO分析とは，企業の事業を価値・希少性・模倣可能性・組織の4つの観点で検討するフレームワークである。高い価値をもつ商品やサービスを提供し，希少性があり，競合他社にとっては模倣(マネ)がしにくく，組織が整っているほどその事業は成長していくことになる。
問2 キャッシュレス決済は電子技術の進歩によ

るものなので技術的要因，少子高齢化による人口減少は社会全体の現象なので社会的要因，原油や小麦の価格の上昇や為替相場の変動は経済的な現象なので経済的要因に分類される。

13 問1－イ　　問2－ウ　　問3－ア
問4－ア
問1　企業が特定の市場において，競合他社に対して優位性や独自性を確保することを競争優位(性)という。例えば競合他社よりも低い製造原価で製品を製造することができるのであれば，それが競争優位となる。
問2　選択肢アは，独自の価値を提供することによって，自社のみの市場を開拓するブルー・オーシャン戦略の説明である。また，選択肢イは，OEM供給の説明である。
問3　競合他社にはない自社の強みを打ち出す戦略を差別化戦略という。
問4　1980年代のスズキ自動車はインド市場に参入し，インドにおける小型車に対する潜在的需要を把握し，インドに適した小型車を開発して市場占有率を伸ばした。これは集中戦略の例といえる。選択肢イはメセナなど企業による社会貢献活動の説明であり，選択肢ウは社会的な価値と経済的な価値の両方を創造する「共通価値の創造」の説明である。

14 問1－ウ　　問2－イ　　問3－ウ
問4－ア　　問5－ウ
問1　選択肢アはブロックチェーンの説明である。また，選択肢イは情報セキュリティマネジメントの説明である。
問2　原材料や労働力などを投入して，どれだけの製品ができたのかを表すのが生産性である。少ないインプット(原材料など)で，できるだけ多くのアウトプット(製品など)を生み出すと生産性は高いといえるので，選択肢イが該当する。
問3　膨大な量で，しかもさまざまな形式のデータが含まれたものをビッグデータという。
問4　運転手に代わって，システムが走行中の判断や操縦などを自動で行う技術を自動運転技

術という。
問5　選択肢アのワーク・エンゲージメントとは，仕事から活力を得て，仕事に熱意をもち，仕事に没頭していることをいう。また，選択肢イのワーク・シェアリングは，一人で担当していた業務を複数人で分担し，それぞれの労働時間を短縮化するとともに，新たな雇用を生み出すことをいう。

15 問1－ア　　問2－ウ　　問3－ウ
問1　自分自身で本を読んだりセミナーに通ったりして能力開発に取り組むことを自己啓発という。
問2　業務を離れて研修所などで講義を受けるのはOff-JTである。なお，選択肢イはジャスト・イン・タイムの略称である。
問3　一定の条件のもとに法定労働時間を超えて勤務することはできるので，選択肢アは不適切である。また，労働基準法に定める法定労働時間は1日8時間以内で1週間あたり40時間以内なので，この総合スーパーの勤務時間は法定労働時間以内である。したがって，選択肢イも不適切である。時間外労働時間に対しては，割増賃金が支払われるのが原則であるため，選択肢ウが正解となる。

16 問1－ウ　　問2－ア　　問3－イ
問1　Youtuberと呼ばれるビジネスモデルが該当し，動画の再生回数が増えるにつれて得られる広告料も多くなる。一般に広告モデルと呼ばれている。選択肢アは特許権などの使用料などで収益を得るビジネスモデルで，選択肢イは無料版から有料版に顧客を誘導することで収益を得るビジネスモデルである。
問2　取引の場のことをプラットフォームといい，メルカリやUber Eatsなどのようにプラットフォームを提供する企業をプラットフォーマーという。
問3　一定の料金を支払えば所定の期間にわたり動画配信サービスや音楽配信サービスなどを享受できるサービスをサブスクリプションという。

17 問1－ウ　　問2－個人情報保護(法)

問1　取引を行う際に，当事者がもつ情報量に偏りがあることを情報の非対称性という。一般に情報量を多くもつ側のほうが不当に有利な取引になる可能性がある。

問2　個人情報保護法は，個人情報の適正な取り扱いに関し，個人情報の有用性に配慮しながら，個人の権利や利益を守ることを目的とした法律である。適性試験の結果や健康診断の結果などは個人情報保護法に定める個人情報に該当するので，情報セキュリティは厳重にしておかなくてはならない。

18 問1－ア　　問2－イ

問1　2つの選択肢がある場合，どちらかを選ぶと片方の選択肢に不利益が生じることをジレンマという。トレードオフ(二律背反)と非常によく似ているが，トレードオフは2つの選択肢のうち一方を選んだ場合に，もう一方の選択肢を犠牲にしなくてはならないことを表す。ジレンマの場合，2つの選択肢のうちどちらを選んでも不利益が発生することを意味している。

問2　市場魅力度のジレンマのことである。ジレンマなので，2つの選択肢のどちらを選んでも不利益が発生する。成長性が著しい魅力的な市場については，参入しなければその市場に進出する機会を失う。しかし，その市場に参入しても競合他社も同様に考えているので，競争が激しくなってそれほど魅力的でもなくなるというジレンマである。もしジレンマの意味を難しく感じる場合には，「葛藤」，「悩みごと」などと解釈しておくとよい。

1　問1-ア　　問2-ウ　　問3-ア
　　問4-イ

問1　粉飾決算とは，貸借対照表などを偽装して利益を過大に見せかける行為を指す。選択肢イのように会社法等で定められた分配可能額を超えて余剰金を配当することは違法となるが，粉飾決算とはいわない。また，選択肢ウは優良誤認表示のことで，景品表示法で規制されている。

問2　法律や条例，命令などを遵守することを法令遵守またはコンプライアンスという。

問3　選択肢イは，暗黙知を形式知に変換し，形式知と形式知を組み合わせて新たな知識を創造する仕組みのことである。選択肢ウはリスクを最小の費用で抑制しようとするマネジメントのことである。

問4　投資家に向けた任意の情報開示をインベスター・リレーションズ(IR)という。

2　問1-ア　　問2-ア

問1　余剰資金を保有している家計が銀行に預金し，その預金が企業に貸し付けられるので，間接金融という。

問2　株主は株主総会で議決権を行使する。また，株主から出資された資金は自己資本となるので，利息を支払う必要はない。

3　問1-ウ　　問2-ウ　　問3-イ

問1　企業単位で組織された労働組合を企業別労働組合という。

問2　定年前に退職を希望する従業員を募る制度を早期退職優遇制度あるいは早期退職制度という。多くの場合，退職金の割増や，再就職に向けたサポートなどが受けられる。

問3　始業時間から終業時間までの間で，休憩時間を除いた部分を所定労働時間という。所定労働時間を超える労働(つまり残業)を規制することで，雇用調整を行うことがある。なお，選択肢アでは休憩時間を短縮している点が不適切で，選択肢ウでは所定労働時間に休憩時間を含んでいる点などが不適切である。また，法定労働時間は労働基準法に定める労働時間なので，所定労働時間が法定労働時間を超えることはありえない。

4　問1-ウ　　問2-イ

問1　合併や買収のことをM&Aという。

問2　選択肢アは自社の研究成果や技術などを契約によって他の企業に提供したり，商品開発を連携して行ったりすることなどを指す。特許権や実用新案権の使用許諾なども含めることがある。選択肢ウは，製造委託契約などを締結して，生産工程の一部を共用したり委託したりすることを指す。OEM供給も生産連携に含まれる。

5　問1-イ　　問2-イ　　問3-ア

問1　フレデリック・テイラーは科学的管理法を提唱した。

問2　選択肢アは安全欲求の説明である。また，「尊敬を得たい」，「高い評価を得たい」という欲求は尊厳欲求のことなので，選択肢ウも不適切である。

問3　一般に，従業員のモチベーションを向上させるには，割り振られた作業(タスク)について一定の裁量権が与えられている方がよい。また，多様なスキルを要し，そのタスクが仕事全体のどこに位置付けられ，どういった意味をもつのかなどを把握しているほど，モチベーションは高まるとされている。

6　問1-ア　　問2-権限

問1　統制範囲適正化の原則あるいは統制の範囲適正化の原則などという。1人の管理者が管理できる部下の人数には限界があるので，部下の人数を適正にし，そのためにも階層化が必要になるということになる。もし定型的な意思決定がほとんどで，マニュアルが完備されている場合には，1人の管理者で多くの部下を管理することが可能になる。しかし，例外的な事象がある程度の割合で発生し，非定型的な意思決定をしばしば行わなければならないときには，垂直的に分化し，階層化して

いかなければならない。

問2　権限と責任が等しくなるように組織を設計しなくてはならないという原則を「権限と責任の一致」という。もし権限があっても責任を負わない管理者がいれば、無責任状態が発生する。また、責任があっても権限がない管理者は、責任のみを負わされることになり不合理である。

7　問1ーウ　　問2ーイ　　問3ーイ
問1　機能別組織を指している。仕入部が大量一括購入することで、コストを抑制することなどが可能になる。ただし、担当する業務の専門性は高まるが、マネジメントの全体を見回すことがないので、経営者の育成には向いていない。また、選択肢イは事業部制組織の特徴である。

問2　製品ごとに独立した部門を編成し、それぞれの部門で独立採算制を採用する組織を事業部制組織という。

問3　事業部制組織ではそれぞれの部長に大幅な権限委譲が行われるため、迅速な意思決定が可能になる。しかし、A事業部とB事業部の競争意識が高まることによって、協力体制をうまく構築できないリスクも存在する。なお、選択肢ウは機能別組織の説明である。

8　問1ーウ　　問2ーア　　問3ーイ
問1　組織内で発生する対立や軋轢のことをコンフリクトという。

問2　リーダーの能力や振る舞いのことをリーダーシップという。

問3　実現可能な将来像をビジョンという。

9　問1ーイ　　問2ーイ　　問3ーア
問1　株式の発行によって資金を調達することをエクイティ・ファイナンスといい、自己資本となる。

問2　資本利益率は、売上高利益率×資本回転率という式に変換できる。つまり資本利益率を高めるためには、利益率を上げるか、資本回転率を高めるか、いずれかの方法によることになる。

問3　資本利益率＝売上高利益率×資本回転率で求めるため、選択肢アが正解となる。

10　問1ーア　　問2ーウ　　問3ーイ
問1　企業にとって外部環境とはコントロールができない要因であり、内部環境とはコントロールができる要因である。

問2　外部環境を政治的要因・経済的要因・社会的要因・技術的要因に分類するフレームワークはPEST分析である。

問3　選択肢アはVRIO分析の説明である。一般に提供する価値が高く、希少性があり、模倣が難しく、組織が整備されているビジネスほど長期にわたって利益を生み出す。また、選択肢ウは3C分析の説明である。顧客（市場）を最初に分析し、それに対する競合他社の動きを分析し、最後に自社の戦略を立案する。

11　問1ーア　　問2ーウ　　問3ーイ
問1　一般に、多額の設備投資が必要な場合には参入障壁が高くなり、新規参入の脅威は低くなる。そのため選択肢イと選択肢ウは誤りである。

問2　買い手の交渉力が強い場合には収益性が低くなる。また、買い手の交渉力とは顧客や得意先の交渉力を指す。したがって選択肢ウが正解となる。

問3　マイケル・ポーターが提唱した手法で、ファイブフォース分析あるいはファイブフォーシズ分析という。

12　問1ーア　　問2ーイ
問1　経営上の信念や信条のことを、経営理念という。

問2　企業の持続的な成長を図る仕組みのことをビジネスモデルという。選択肢アは、商品を安く仕入れて高く販売するビジネスモデルのことである。また、選択肢ウは暗黙知を形式知に変換し、形式知と形式知を組み合わせて新たな知識を創造するモデルのことである。

13 問1－ウ　　問2－ア
問1　原材料の調達から製品の販売までを一つの流れとしてとらえて，最適化するためにマネジメントすることをSCM(サプライチェーン・マネジメント)という。
問2　大規模災害などが発生したときに事業の継続と早期復旧に備える計画を事業継続計画(BCP)という。選択肢イはプロセスディストリビューションセンターの略称で，流通加工機能を強化した物流センターのことである。また，選択肢ウは技術移転機関のことで，大学の研究開発の結果などを産業界に移転するための組織のことを指す。

14 問1－イ　　問2－ア　　問3－ウ
問1　賃金以外のかたちで経営者が従業員やその家族に給付するものを福利厚生という。
問2　健康保険や厚生年金保険，介護保険などを総称して社会保険という。社会保険に対して，生命保険会社や損害保険会社が提供する保険を民間保険という。
問3　福利厚生のうち法律で定められていないものを法定外福利という。

15 問1－イ　　問2－イ
問1　コモディティ化とは，市場で同質化が進行して，差別化が難しくなる状態を指す。
問2　ブランドに対する信頼感や忠誠心(ブランド・ロイヤリティ)が高まり，ブランドに対する好ましいイメージ(ブランドイメージ)が醸成されると，顧客はその商品やサービスを繰り返し購買してくれるほか，ブランドが確立しているので販売価格が割高であっても購買してくれる。ただし，企業の不祥事や商品の欠陥などが明らかになった場合，ブランドの価値は急激に低下するので，売上高を維持することも難しくなる。

16 問1－ウ　　問2－ウ　　問3－イ
　　問4－エ
問1　市場成長率と市場占有率で事業を4つにグルーピングする手法はPPMである。
問2　市場成長率が低いので投資する資金は少な

く，また市場占有率が高いので獲得する資金は大きい。このグループに分類される事業を「金のなる木」という。
問3　市場成長率が高いので投資する資金は多額になるが，市場占有率が低いので獲得する資金は少ない。こうした事業を「問題児」という。将来性はあるが，一つ間違えると「負け犬」に転落するリスクもある。
問4　市場成長率も市場占有率も低い事業を「負け犬」といい，撤退を検討することになる。撤退する場合も従業員の雇用維持などさまざまな障壁があり，これを撤退障壁という。

17 問1－ウ　　問2－フリーミアム
問1　食品メーカーが広告を出稿したことで，広告料を収益として計上できるようになった事例なので，広告モデルが適切である。
問2　まず無料版で機能や品質の優良性を実感してもらい，次に有料版の購入に促すビジネスモデルをフリーミアムという。

18 問1－イ　　問2－オープン(戦略)
問1　選択肢アは著作権に関する説明，選択肢ウは商標権に関する説明である。
問2　自社が有する特許権の使用を認めたり，技術を公開したりするのと同時に，他社や研究所などと共同開発などを行うことによって，社外の技術やノウハウを取り込むことをオープン戦略という。

19 問1－ウ　　問2－ア
問1　製造物責任法(PL法)は，製品の欠陥によって被害を受けた消費者を保護するための法律である。同法によれば，製品の欠陥を立証すれば，過失を立証しなくても製造業者等の損害賠償責任が認められる。
問2　年間の卸売業の販売額を年間の小売業の販売額で割った値が卸売小売販売額比率(W/R比率)で，この値が低くなるほど，卸売業者の介在が少なくなっている(流通経路が短くなっている)ことを表す。

1 問1－ウ　　問2－ア　　問3－ア

問1　わが国の企業は比較的福利厚生が手厚いとされているが，これは企業に忠誠心や帰属意識をもってもらうためと解釈されている。

問2　年齢や勤続年数に応じて昇給や昇進が決まる制度を年功序列型賃金制度という。ただし，最近では成果主義で昇給や昇進を決める制度を導入している企業もある。

問3　選択肢イは勤務地を限定した正規雇用のことで，転勤等の範囲は限定されるが雇用調整とは結びつかない。また，選択肢ウは，一時的に別の部署で働くことによって，別の視点で社内の業務を見直す制度である。雇用量が調整されるわけではないので，選択肢ウも適切ではない。

2 問1－ウ　　問2－ア　　問3－ア

問1　株主総会は株式会社の基本的な意思決定を行う機関なので，選択肢アと選択肢イは不適切である。

問2　取締役を中心とする管理者層は最高管理者層である。部長・支店長・課長などが中間管理者層，係長・主任などが現場管理者層となる。

問3　適正な経営や事業運営を行うために設けられる企業を律する仕組みのことを企業統治（コーポレート・ガバナンス）という。コーポレート・ガバナンスのなかに，情報開示（ディスクロージャー）や内部統制システムなどが含まれる。

3 問1－イ　　問2－ア　　問3－イ

問1　研究開発部・生産部・営業部など機能別に編成された組織を機能別組織という。

問2　機能別組織を採用していた企業であっても，取り扱う商品が多種類になったり，手がける事業が増えてきたりすると，事業ごとに部門を編成するようになる。これを事業部制組織といい，事業部制組織ではそれぞれの事業部長に大幅に権限が委譲されるとともに，独立採算制が採用される。

問3　機能別の管理者と事業別の管理者の2人から指示を受ける組織形態をマトリックス組織という。2人の管理者が存在するので，ツー・ボス・システムともいう。ただし，マトリックス組織は，命令一元化の原則に反した組織形態であることから，コンフリクト（対立や軋轢）が発生しやすいともいわれている。

4 問1－イ　　問2－ウ

問1　企業の特徴を明確にして，顧客に統一したイメージをもってもらえるように働きかけることをコーポレート・アイデンティティ（CI）という。例えばセブン-イレブン・ジャパンは2011（平成23）年にロゴデザインを一新し，プライベートブランドの商品にはすべてそのロゴデザインを表示している。

問2　企業のロゴデザインやシンボルマークなどを財産として守る権利を商標権という。商標権を取得するには，特許庁に出願し，商標登録されなければならない。

5 問1－ウ　　問2－ア　　問3－イ

問1　財務諸表の数値を用いた比率的な分析を財務分析という。選択肢アは，財務的資源をマネジメントすることであり，選択肢イは企業の財務的資源を支える資金量や自己資本の金額などのことを指す。

問2　税引後当期純利益を自己資本で割った財務比率を自己資本利益率といい，ROE（Return On Equity）と略すことがある。自己資本をどれだけ効率的に活用できたのかを表す比率である。なお，ROA（Return On Assets）とは総資本利益率あるいは総資産利益率のことで，次のような式で表す。

$$総資本利益率 \times 100\% = \frac{利益}{売上高} \times \frac{売上高}{総資本} \times 100\%$$

つまり売上高に占める当期純利益の割合を低くすると総資本利益率は低くなる。自己資本利益率も同様である。また，自己資本回転率を高めると自己資本利益率も高まるので，選択肢ウも誤りである。

問3　利益をどれだけ効率的に上げているのかを

みるのは収益性分析，倒産に至る可能性など
を分析するのは安全性分析となる。また流動
比率は流動資産を流動負債で割って計算す
る。もし分子を当座資産にした場合には，当
座比率を計算することになる。

6 問1－ア　　問2－ア　　問3－イ

問1　「売り手の交渉力」とは，原材料や部品など
の仕入先の交渉力のことである。もし特殊な
原材料や高付加価値の部品を供給してもらっ
ている場合，仕入先の交渉力は強くなる。
　　　逆に原材料や部品などがコモディティ化し
て価格競争に陥っている場合には，売り手の
交渉力は弱くなる。
　　　また，原材料や部品を供給する企業がほぼ
独占状態にある場合，その企業からしか原材
料や部品を調達することができないため，売
り手の交渉力は強くなる。

問2　選択肢イのように，同じ市場の競合他社の
数や市場占有率などを分析するのは，「既存
の同業者との競合」に該当する。また，選択
肢ウのように，顧客の交渉力の強さを分析す
るのは，「買い手の交渉力」に該当する。

問3　選択肢アのように市場の規模に変化がな
く，競合する企業が減少した場合，一般に競
争は緩和される。また，選択肢ウのように，
市場の成長率が低く（市場の規模があまり変
化せず），同一規模の企業が多い場合，競争
は激しいのが一般的である。

7 問1－イ　　問2－ア　　問3－ウ
　　問4－ウ

問1　製品やサービスに競合他社にはない魅力を
付加して，高い販売価格を受け入れてもらう
戦略を差別化戦略という。製品の設計やブラ
ンドの価値などが差別化の要因となる。

問2　製造原価を低くする仕組みを構築して，低
価格で市場占有率（シェア）を高める戦略をコ
スト・リーダーシップ戦略という。

問3　特定の顧客や特定の地域などに限定して，
その層（セグメント）に経営資源を集中させる
戦略を集中戦略という。

問4　アフリカに市場を限定した殺虫剤を織り込

んだ蚊帳は，地域を限定しているので集中戦
略といえる。

8 問1－ウ　　問2－ア

問1　企業同士が提携を結ぶことをアライアンス
といい，業務提携や資本提携がある。選択肢
アは企業の合併と買収を指し，提携とは異な
る。また，選択肢イは非関連型多角化を進め，
多様な分野の事業を有している企業のことで
ある。

問2　選択肢イの経験曲線効果とは，特定の製品
の累積生産量が増加すると，製品1個あたり
の製造原価が逓減していくことを指す。
　　　選択肢ウのクラウディング・アウト効果と
は，直訳すると「押しのけ効果」という意味に
なる。例えば自身がやりがいをもって研究開
発を行っている研究者に対して，あまりに賃
金や報酬などの外発的動機づけを行うと，「金
銭のために研究開発をしているわけではな
い」という感情から，かえって意欲や興味と
いった内発的動機づけを弱めることがある。
このように外発的動機づけによって，内発的
動機づけが押し出されることをいう。

9 問1－ウ　　問2－イ　　問3－イ

問1　選択肢アのスタートアップとは「創業する」
という意味である。また，選択肢イのベン
チャーとは，高度な専門技術や優れたビジネ
スプランをもつ中小企業やその活動を指す。

問2　既存の方法とは異なる新結合で新しいもの
を創造することをイノベーションという。

問3　銀行による資金調達を間接金融，株式の発
行による資金調達を直接金融という。

10 問1－ア　　問2－イ

問1　選択肢イは連続生産のメリットである。同
一のラインで同じ種類の製品を連続して生産
することで，規模の経済によるコストダウン
を目的としている。また，選択肢ウは個別生
産を指している。ロット生産では，同一の製
品を一定の数量（ロット）でまとめて生産する
ことで，連続生産による効率性と，個別生産
による多品種生産の両方を実現しようとして

いる。

問2 ロットの大きさ(一回に生産する数量)のことをロットサイズといい，一般にロットサイズを大きくすると製品1単位あたりの製造原価は低くなる。ロットサイズを設定する際は過剰在庫の発生を考慮する必要があるため，製品の需要が減少しているときはロットサイズを小さくして，在庫の発生を抑制することが大切になる。

---

11 問1－イ 問2－ア 問3－イ
問4－イ

問1 正規雇用とは雇用期間に定めがなく，定年までフルタイムで勤務する雇用契約のことである。パートタイマーやアルバイト，また契約社員や嘱託社員はいずれも雇用期間に定めがあるので，非正規雇用に分類される。

問2 求職票には労働条件が記載されるので，賃金カーブや賃金格差が掲載されることはない。賃金カーブは入社時から定年退職までの賃金水準の変化をグラフで示したものであり，賃金格差とは従業員の雇用形態などによる賃金水準の差のことを指す。最近では，男女の賃金格差は縮小しつつあり，正規雇用と非正規雇用の賃金格差も「同一労働同一賃金」の理念のもとに縮小が図られている。

問3 日常業務を行いながら，上司や同僚などから必要な知識やノウハウ，書類の書き方などを教えてもらうことをOJT(On the Job Training)という。実践的な業務に関する知識をすぐに学べるのが利点だが，体系性には欠ける。

問4 下線部(d)はOff-JTの説明であり，新しい知識や技能について体系的に学べるのが利点である。選択肢アはOJTの利点であり，選択肢ウは自己啓発の利点である。

---

12 問1－ア 問2－ウ 問3－イ
問4－ア

問1 職務遂行能力を基準として賃金水準を決めることを職務給という。わが国では年齢や勤続年数に応じて職務遂行能力が高まるという仮定がある。これが年功序列型賃金という制

度になっている。

問2 職務遂行の難易度や責任の重さなどに応じて賃金を決める考え方を職務給という。職務給を導入するためには，仕事の内容を明らかにすることと，その職務の難易度などを的確に評価することなどが必要になる。

問3 意欲・興味・関心といったモチベーションを内発的動機づけという。選択肢ウは組織あるいは集団の構成員が協働する意欲のことを指すので，不適切である。モラールはいわば集団レベルの概念で，モチベーションや動機づけは個人レベルの概念である。

問4 職務の内容を限定して，繰り返し職務に取り組むことで効率性や専門性が高まることを専門化の原則という。

---

13 問1－イ 問2－ア
問3－PDCA(サイクル)

問1 不良率とは投入した原材料からどれだけ仕損品(不良品)が発生したのかを示す数値である。例えば原材料を100個投入して，仕損品が3個発生した場合，不良率は3％ということになる。一方，原材料100個に対して良品は97個完成したので，良品率は97％ということになる。

問2 製造原価は材料費・労務費・経費で構成される。

問3 計画・実行・評価・改善のサイクルをPDCAサイクルという。

---

14 問1－ウ 問2－ア 問3－ア

問1 所定労働時間にわたる勤務に対して支払われる給与を所定内給与(基本給と役職手当など)という。賞与はそうした給与には該当しないため，選択肢アと選択肢イは不適切である。

問2 将来の一定期日における売買取引を約束するのは先物取引である。

問3 先物取引ではいったん契約をしてしまった以上，通貨や株式，債券などの時価がどのように変化しても履行しなくてはならない。そうした欠点を克服したのがオプション取引であり，「売る権利」(プット・オプション)ま

たは「買う権利」（コール・オプション）を購入した場合，その権利を行使せず放棄することもできる。

15 問1－イ　　問2－事業計画（書）
問1　選択肢アは，広告料を受け取ることで収益を獲得するビジネスモデルのことである。また，選択肢ウは著作権や特許権の使用許可を与え，その対価を収益とするビジネスモデルのことである。
問2　手がける事業の魅力や将来性を金融機関や投資家に伝えるために作成する書類を，事業計画書という。

16 問1－ウ　　問2－ウ
問1　それぞれの業務で調和がとれるようにすることをファヨールは「調整」と表現している。
問2　計画どおりに業務が遂行されるように，監視したり修正したりする作業を「統制」という。例えば飛行機はあらかじめ飛行計画を立案している。この飛行計画どおりに飛行機が運航するように，パイロットは途中で飛行を調整する。この調整が「統制」に相当する。

17 問1－ア　　問2－ハラスメント
問1　労働条件における最低限守るべき基準を定めた法律は労働基準法である。
問2　さまざまな「迷惑」や「いやがらせ」などで，相手に不快感を与えたり，相手の尊厳を傷つけたりすることをハラスメントという。職場におけるハラスメントには，パワーハラスメントやセクシュアルハラスメント，妊娠・出産・育児休業・介護休業等に関するハラスメントなどがある。また，カスタマーハラスメントと呼ばれる顧客からの不当・悪質なクレームもある。企業はこうしたハラスメントを防止する対策を講じ，従業員を守らなければならない。

18 問1－ウ　　問2－ア
問1　作業台を屋台に見立てて，屋台生産方式と呼ばれることもある。1人あるいは少人数で複数の工程を担当することで，従業員のモチ

ベーションの向上などを目的としている。
問2　組織内部で共有する価値観や行動様式を組織文化という。企業文化ということもある。

1 問1－ア 問2－メインバンク（制度）

問1 銀行を経由した金融は間接金融であり，借入金については，元本の返済と利息の支払いが必要になる。

問2 メインバンクとは，その企業の金融について主たる責任をもつとみなされる銀行のことで，その企業が複数の銀行と取引をしていても，メインバンクとの取引金額が最も高額になるのが慣例である。例えば1970年代に東洋工業株式会社（現在のマツダ株式会社）が経営危機に陥った際には，メインバンクである住友銀行（現在の三井住友銀行）は，追加融資を行うほか，取締役なども派遣し，経営支援の取り組みを行った。

2 問1－イ 問2－ウ

問1 指示を出す人と指示を受けて作業する人とで分業化することを垂直的分業という。一方，階層関係をもたずに，同じ立場で機能別に分業することを水平的分業という。並行分業とは，同じ作業を同時進行的に行う分業のことである。

問2 過度な分業は，単純作業の繰り返しとなり，従業員のモチベーションを下げてしまう。そこでさまざまな作業を行い，モチベーションを高めるためにセル生産方式を導入する企業もある。

3 問1－リーダーシップ 問2－イ

問1 リーダーのふるまいや能力のことをリーダーシップという。ドラッカーによれば，リーダーシップは個人の素質ではなく，一つの「仕事」であるため，誰でもリーダーシップを習得することができる。

問2 報酬や懲罰などは外発的動機づけに分類される。一方，興味や意欲など内面から発生する動機づけを内発的動機づけという。

4 問1－ウ 問2－ア 問3－ア

問1 機能別組織と事業部制組織を組み合わせた組織はマトリックス組織である。上司が2人となるため，ツー・ボス・システムともいう。

問2 命令の統一性の原則（命令一元化の法則）に反するため，マトリックス組織ではコンフリクト（対立や軋轢）が発生しやすい。

問3 ライン組織は経営者から末端の従業員まで，指示命令系統が明確化されている。このライン組織に対して助言や援助を行う組織がスタッフ組織である。ライン組織とスタッフ組織を組み合わせたものがライン・アンド・スタッフ組織となる。

5 問1－ウ 問2－ア

問1 外部環境を機会と脅威，内部環境を強みと弱みに分けるフレームワークはSWOT分析である。

問2 機会と強みを組み合わせて戦略を立案する場合，その分野にビジネスチャンスがあるため，経営資源を集中的に投入することになる。

6 問1－ア 問2－ア

問1 個人レベルのやる気などをモチベーションあるいは動機づけといい，集団レベルでの協働意欲をモラールという。

問2 自己実現欲求とは，「自分らしく生きたい」という最高次の欲求である。また，作業の細分化や単純化を推し進めると，モチベーションやモラールはかえって減退する。また，科学的な研究によって定められた作業量をもとに管理する科学的管理法は，従業員のモチベーションやモラールを考慮していないといえる。

7 問1－ア 問2－ウ 問3－イ

問1 外部マクロ環境を分析するための代表的なフレームワークはPEST分析である。さらに外部ミクロ環境を分析するためのフレームワークがファイブフォース分析（ファイブフォーシズ分析）となる。

問2 買い手の交渉力とは顧客や得意先の交渉力のことを指す。顧客や得意先の交渉力が強く

なると，値下げ等を要求されることになるので，収益性は低下する。なお，選択肢アは売り手の交渉力についての記述である。

問3 市場の成長率が低く(つまり，市場の規模がほとんど変化せず)，同一規模の企業が多い場合には，一般的に競争は激化する。また，市場の規模に変化がなく，競合する企業の数が減少する場合には，一般的に競争は緩和される。競合する企業の数に変化はなくても，市場そのものが成長する場合には，競争は緩和される。

8 **問1－ア　　問2－ウ**

問1 製造小売業(SPA)という仕組みのもとで大量生産を行い，低価格販売を実現した戦略は，コスト・リーダーシップ戦略といえる。

問2 工場や工事現場で働く職人の市場に集中して衣料品を生産してきたワークマンは，集中戦略を採用していたといえる。

9 **問1－イ　　問2－イ**

問1 企業の収益を支える中核的な能力のことをコア・コンピタンスという。選択肢アは，環境の変化に応じて既存のコア・コンピタンスの代わりに，新たなコア・コンピタンスを生み出せる能力のことをいう。

問2 ニッチな商品の売上高を積み重ね，顧客を増やすと同時に利益を確保する戦略をロングテール戦略という。

10 **問1－イ　　問2－ウ　　問3－ア**

問1 マネジメントを担当する人をマネージャーという。

問2 企業の存在意義を示す経営上の理念や信条のことを経営理念という。

問3 選択肢イはマーケティングの説明である。また，選択肢ウはダイナミック・ケイパビリティの説明である。

11 **問1－ア　　問2－イ　　問3－ア**

問1 部品を外部から購入することを外注という。自社では製造できない部品や製造すると割高になる部品は，外注するのが合理的である。

問2 部品を自社で製造することを内製という。外注するほうが割高になる場合などには，内製するのが合理的である。

問3 取引に際して発生する事務処理の手間，調達に要する費用や時間などを総称して，取引費用または取引コストという。この取引費用を最小化することを目的として，部品を外注するか内製するのかを決める。

12 **問1－イ　　問2－イ**

問1 プロジェクト組織は，プロジェクトに必要な人員を既存の部署から呼び寄せて形成し，プロジェクトが完了した段階で解散する。

問2 プロジェクト・マネジメントで日程管理に用いられるのは，PERT図(アローダイアグラム)またはガントチャート(日程管理図)である。PERT図では，クリティカルパス(全体の工程の遅れにつながる作業の経路)をいかに短縮化するのかが鍵となる。

13 **問1－ウ　　問2－ア**

問1 取引相手のブランドの商品を生産して供給することをOEM供給という。自動車や家庭用電気製品，また小売業者のプライベート・ブランド商品などによくみられる。

問2 選択肢イは説明責任のことで，選択肢ウは，株式会社の自己資本(株主資本)のことをいう。

14 **問1－ア　　問2－ウ**

問1 「規模の経済」とは，累積生産量が増加していくことで，製品1単位あたりの製造原価が逓減していく効果を指す。一般的に，大量生産を行うと製品1単位あたりの製造原価は低くなる。

問2 「範囲の経済」とは，複数の事業を展開することで，相互にプラスの影響を及ぼして，1＋1が2を超える効果を生み出すことを指す。相互にあまり関係がない複数の事業を手がけていくとコングロマリット化するのは事実だが，「範囲の経済」には該当しない。

15 問1－イ 問2－ウ
問1 「どのくらい効率的に利益を生み出せるのか」という分析は収益性分析，過去の財務諸表上の数値を基にして将来の業績を分析することは成長性分析，企業の財務基盤がどの程度安定しているのかは安全性分析に相当する。
問2 自己資本（設問では資本金のみ）が1,500,000円，総資産（総資本）が3,000,000円なので，自己資本比率は50％になる。また，税引後当期純利益が300,000円，自己資本が1,500,000円なので，自己資本利益率は20％になる。なお，商業経済検定試験では電卓の持ち込みは禁止されていることに注意する。

16 問1－ア 問2－社外取締役
問1 違法な行為や不適正な行為を通報したり，相談したりする仕組みを内部通報制度という。内部通報あるいは内部告発（公益通報）を行った従業員を保護するために，公益通報者保護制度も整備されている。
問2 企業外部から就任した取締役のことを社外取締役という。さらに社外取締役のなかで，企業内部から一定の独立性を維持している場合には，独立社外取締役という。

17 問1－イ 問2－ア
問1 必要なものを，必要な時に必要な量だけ生産するという考え方をジャスト・イン・タイムといい，かんばん方式などが採用される。必要な数量しか生産しないので，基本的に在庫をなるべくもたないという考え方になる。
問2 全体の生産数量を制約する要因をボトルネックという。なお，選択肢ウは受注してから生産を行い，製品を納入するまでの時間のことを意味する。

18 問1－ア 問2－イ 問3－ア
問4－ウ 問5－グローバル（化）
問6－ウ
問1 いったん正規雇用されれば雇用期間に定めがなく，定年まで勤務できる制度を終身雇用という。

問2 勤続年数や年齢に応じて賃金水準が上がる制度を年功序列型賃金という。
問3 わが国の労使交渉は企業別労働組合が中心である。産業別労働組合は存在するが，労使交渉の中心になることはあまりない。
問4 日本特有のボトムアップ型の意思決定方法が稟議制度である。組織の下位者から提案ができるというメリットはあるが，責任の所在が不明確になる点や迅速な意思決定ができない点に課題がある。
問5 ヒト・モノ・カネ・情報が国境を越えて行きかうことをグローバル化という。
問6 年功序列型賃金制度は，職務の遂行能力が年齢とともに向上していくという仮定がある。しかし，この制度では高い職務遂行能力をもつ若年層のモチベーションが低下する傾向がみられたため，成果主義が導入された。ただし，成果主義の「成果」を客観的に測定できるという前提が必要になる。

19 問1－イ 問2－ア 問3－イ
問1 文章や数値などでは表現されていない「経験からくる判断や技能」「勘」といったものを暗黙知という。一方，言語化されて，他者への伝達が容易な情報的資源を形式知という。
問2 暗黙知を形式知へと絶え間なく変換するプロセスのことをSECIモデルという。
問3 川喜田二郎氏が発案したアイデアや知見を生み出す方法をKJ法という。

20 問1－ウ 問2－ア 問3－イ
問1 市場成長率も市場占有率も低い事業とは，市場全体が拡大する見込みが薄く，しかも競合他社との競争に負けている事業ということになる。したがって，新たに追加的に資金を投入する必要性が乏しく，将来性を考えると撤退することが合理的と考えられる。
問2 市場成長率が高く，市場占有率が低い事業は「問題児」に分類される。これから市場が拡大する可能性が高いため，資金を追加的に投資する必要性も高い。したがって選択肢イは不適切である。しかし，すべての問題児が花形になるとは限らないため，選択肢ウも不適

切となる。

問3　市場占有率については，数量ベースであっても売上高ベースであっても測定が可能なため，選択肢アは不適切である。また，問題児を花形へ育成することも可能なので，選択肢ウも不適切である。しかし，これまでに存在していない新規の市場を開拓する場合，市場成長率を測定することはできないことがPPMの欠点となる。